杭州市城市综合功能提升研究论集

朱文佳 著

浙江工商大学出版社
ZHEJIANG GONGSHANG UNIVERSITY PRESS
·杭州·

图书在版编目(CIP)数据

杭州市城市综合功能提升研究论集 / 朱文佳著. —
杭州:浙江工商大学出版社,2022.8
　　ISBN 978-7-5178-4996-4

　　Ⅰ.①杭… Ⅱ.①朱… Ⅲ.①城市经济－经济发展－
杭州－文集 Ⅳ.①F299.275.51-53

中国版本图书馆 CIP 数据核字(2022)第 097392 号

杭州市城市综合功能提升研究论集
HANGZHOU SHI CHENGSHI ZONGHE GONGNENG TISHENG YANJIU LUNJI
朱文佳 著

策划编辑	郑　建	
责任编辑	黄拉拉	
责任校对	张春琴	
封面设计	浙信文化	
责任印制	包建辉	
出版发行	浙江工商大学出版社	
	(杭州市教工路 198 号　邮政编码 310012)	
	(E-mail:zjgsupress@163.com)	
	(网址:http://www.zjgsupress.com)	
	电话:0571－88904980,88831806(传真)	
排　版	杭州朝曦图文设计有限公司	
印　刷	广东虎彩云印刷有限公司绍兴分公司	
开　本	880 mm×1230 mm　1/32	
印　张	8.25	
字　数	181 千	
版 印 次	2022 年 8 月第 1 版　2022 年 8 月第 1 次印刷	
书　号	ISBN 978-7-5178-4996-4	
定　价	69.00 元	

序　言

朱文佳助理研究员，目前就职于杭州市发展规划研究院，自 2012 年从安徽大学哲学系硕士毕业后一直从事杭州城市管理研究，在这一领域耕耘已 10 年了。她的专著《杭州市城市综合功能提升研究论集》即将出版，我有幸被邀写序。这是她的首作，是她研究生涯的一段小结。作为前辈，我为她高兴，也给她鼓励，希望她能继续潜心耕耘、深入研究，在理论和方法上更加精进。

围绕当地经济社会发展开展应用对策研究，为政府工作提供决策咨询服务，是地方发展规划研究院的职责所在，也是本书的主旨。全书内容分为"城市规划研究""城市产业升级"与"公共服务提质"3 编。第一编针对杭州某一城区突出的一个主题或一个目标做规划研究；第二编针对杭州城市当下产业发展瓶颈提出解决方案；第三编则从公共服务保障角度出发，提出改善民生，丰富市民物质、精神生活的思考与建议。研究内容涉及城市规划、产业发展、市政管理和公共服务保障等多个方面，既有宏观的战略阐述，也有微观的问题分析，咨询研究特点鲜明。

杭州市发展飞速，如今已是一座特大城市，政府管理事务也日益繁杂，科学决策、民主决策成为城市治理的题中之义。政府部门已由政策方案的制定者转变为消费者,决策咨询的重要性日益加强。我认为,决策咨询是从应用研究的角度出发的,既非从理论到理论的概念研讨,也非就事论事的经验之谈。所以,要想解决社会发展中的实际问题,做好咨询工作,首先要深入实际,充分调研,找准问题的关键;其次要有一定的理论基础,以先进的理念破解发展的难题,这样才能在理论与实际中架起解决问题的桥梁。如果在解决实际问题的同时,还能创新学术理论,提高咨询水平,则更显其价值。希望文佳未来能朝着这一方向继续努力。

书中收录的文章陆续成文,研究成果往往针对当时的特定背景,今天看来会有其局限性,但书中提出的观点和运用的方法,至今仍有现实意义和咨询价值,为同行研究者提供了有益的参考和借鉴。

杨建军

浙江大学区域与城市规划系教授

2022 年 3 月 19 日

目 录

第三编　公共服务提质

第一编

城市规划研究

钱江新城综合功能前瞻

党的十九大报告指出："我国经济已由高速增长阶段转向高质量发展阶段,正处在转变发展方式、优化经济结构、转换增长动力的攻关期,建设现代化经济体系是跨越关口的迫切要求和我国发展的战略目标。"现代服务业的发展是建设现代化经济体系的必由之路,而从国内外发展现状来看,现代服务业的发展往往聚集在城市中央商务区(Central Business District,CBD)。因此,CBD 高质量协调发展,是推进我国高质量发展、加快建设现代化经济体系的战略重点所在。

本文以杭州市钱江新城 CBD(一期核心区,面积为 4.02 平方千米)为研究对象,遵循宏观到微观再到具体的推进关系,以现状评估为研究基础,以系统科学及大数据思维为指导,以问题分析、实证研究和路径探讨为逻辑架构,为钱江新城 CBD 功能品质提升及区域协调发展提出针对性的建议措施和政策指引。

一、钱江新城规划建设背景

(一)国际背景:经济全球化

随着经济与科技的发展和全球化时代的到来,全球制造业中心的东移,长江三角洲地区将成为新兴的世界制造业基地,面临着前所未有的发展机遇。位于长三角南翼的杭州市也将遵从全球惯例和游戏规则,参与全球性的竞争与合作,并在全球经济活动中扮演着一定角色,成为全球网络中一个闪亮的节点。定位为现代 CBD 的钱江新城,将是世界了解杭州的窗口和杭州走向世界的跳板,是内外交流和发展的桥梁。

(二)区域背景:长三角经济一体化

在经济全球化的背景下,经济一体化发展是其必然趋势。杭州市抓住这一发展契机,主动接轨上海市并参与长三角区域一体化。2007年杭州市委提出"接轨大上海、融入长三角、打造增长极",并编制相应规划,正式把接轨大上海、融入长三角作为杭州市打造增长极、提高首位度的战略举措。2016 年国务院通过的《长江三角洲城市群发展规划》中,杭州都市圈被列为长三角城市群"一核五圈四带"之一。在 2018 年召开的杭州都市圈第九次市长联席会议上,随着衢州市、黄山市的正式加入,杭州都市圈跻身长三角跨省都市圈。

如今,随着长三角一体化顶层设计的逐渐明晰,三省一市正面临着前所未有的发展机遇。作为长三角南翼中心城市和浙江省省会城市,杭州市既要在合作中敞开襟怀、引领潮流,又要在竞争中补足短板、力争上游,以更高站位的竞合新思维迎接更高质量的一体化新时代。同时,杭州市也面临着多层面、激烈而复杂的区域竞争。随着上海市调整并明确其"1 个龙头、4 个中心"的功能定位,其辐射影响力日益增强,杭州市中心城市原有的一些功能已逐渐被上海市所替代。加之跨海通道、沿海高铁、城际铁路的兴建,杭州市面临比较严峻的腹地争夺形势,对腹地的辐射能力和带动能力有待加强。

在这种情况下,钱江新城作为杭州市城市新中心和长三角南翼区域中心城市的 CBD,与长三角地区的发展紧密相连。一方面,长三角领先全国的经济地位为钱江新城 CBD 的转型提供了产业基础和转移空间;另一方面,钱江新城 CBD 的飞速发展带动了杭州市对长三角地区的辐射效应,推进了长三角地区的产业集聚和产业转移,为长三角地区区域创新网络提供了载体。由此,以国际化视野提高钱江新城 CBD 的功能定位、品质及竞争力,成为提升杭州区域中心影响力以及在长三角一体化竞合发展中的新引擎。

(三)市域背景:行政区域调整

2001 年 3 月,行政区域的调整为杭州市城市发展提供了新的机遇。新制定的城市规划将总体城市性质界定为国际风景旅游城市、国家级历史文化名城、长江三角洲的重要中心城市,以及浙江省政治、经济、文化中心。这体现了杭州市的城市发展思想:在发展特色旅游的基础上构筑现代化大都市。为实现这一目标,杭州市的城市发展思路从"拆旧城、建新城"过渡到"保老城、建新城"的发展新模式。为此,杭州市提出了建设"钱江新城"的目标,旨在通过建设钱江新城,提高城市品位,改善城市环境,完善城市功能,提高城市综合竞争力,使现代化大都市与历史文化名城和谐共生,从而实现城市的可持续发展。

2016 年修订的《杭州市城市总体规划(2001—2020 年)》,明确了杭州市的公共中心可分为 4 个层级:城市主中心—城市副中心—城市次中心—居住区级中心。城市主中心有 2 个:一个是延安路及近西湖地区(武林广场、湖滨、吴山广场);另一个是沿江地区城市中心,主要包括钱江新城和钱江世纪城。这2个城市主中心分别代表杭州的西湖时代和钱塘江时代。2016年10月,杭州市人民政府驻地搬到了钱江新城,这里也正式显露出杭州市中心之势。

(四)战略背景:杭州市建设世界名城

2007年,中国共产党杭州市第十次代表大会确定了覆盖城乡、全民共享"生活品质之城"的城市定位。2008年,又进一步明确了杭州城市发展的"全国坐标""世界坐标",即中国特色、时代特征、杭州特点,覆盖城乡、全民共享,与世界名城相媲美的"生活品质之城"。2009年,杭州市委、市政府出台《关于推进新城建设的若干意见》,提出要按"竞争力强、规模大、服务优、环境美、建筑高"的总要求,建设好23座新城(包括城市主城、副城及组团中的城市功能区),打造紧凑型城市发展模式的样板,使新城成为杭州城市的新标志、经济发展的新平台、居住生活的新天地,为共建、共享世界名城提供持续动力。2015年12月,杭州市委十一届十次全体(扩大)会议明确指出:"十三五"期间杭州要确保继续在全省发挥龙头领跑示范带头作用,确保继续走在全国重要城市前列,共建、共享历史文化名城、创新活力之城、东方品质之城,努力建成美丽中国的样本,朝着建设世界名城目标大步迈进。其中,"建设世界名城"是习近平总书记在浙江工作时对杭州提出的殷切期望;"努力成为美丽中国建设的样本"是党的十八大后习近平总书记在听取杭州工作汇报时提出的要求;"历史文化名城"和"创新活力之城"是习近平总书记宣布2016年G20峰会在杭州举办时强调的城市特色;"东方品质之城"是历届市委提出的奋斗目标。

2016 年 7 月 11 日,杭州市召开"十三五"以来的第一次市委全会,旨在推进杭州城市国际化,会上审议通过《中共杭州市委关于全面提升杭州城市国际化水平的若干意见(草案)》(下文简称《意见(草案)》)。在《意见(草案)》中,杭州市提出的目标是,到 2020 年成为具有较高全球知名度的国际城市;到 2030 年,城市核心竞争力走在全国城市第一方队前列,初步成为特色彰显、具有较大影响力的世界名城;到 21 世纪中叶,将成为具有独特东方魅力和全球重大影响力的世界名城。

钱江新城作为杭州市的新中心,将是世界了解杭州的窗口和杭州走向世界的跳板,也是内外交流和发展的桥梁。因此,对钱江新城核心区——CBD 的综合品质提升和功能完善开展专题研究,是十分必要且紧迫的。

二、钱江新城功能定位演变历程

2016 年,G20 杭州峰会让世界的目光聚集杭州,更让峰会举办地——钱江新城惊艳了世界。如今,钱江新城已从江畔一个无人问津之地,发展为今天聚集百万人才的创新之城、生态之城和和谐之城。本小节回顾并梳理钱江新城自立项以来的功能定位演变历程,结合杭州市当前建设世界名城的战略背景,提出钱江新城新的战略地位及发展思路。

（一）钱江新城建设发展历程

选择沿江开发是遵循国际上城市依江发展的规律,这样的世界名城比比皆是,如上海(黄浦江)、伦敦(泰晤士河)、巴黎(塞纳河)等,因为航运是千年来非常重要的交通方式,物流、人流等因此归集。随着土木工程技术的发展,到20世纪末,钱塘江防洪堤修筑成型,具备了沿江开发的条件。开发建设钱江新城是世纪之交时杭州市委、市政府做出的一个重大决策,解决了"杭州城市建设往哪里发展"的问题。

建设钱江新城,对当代杭州人来说,既是一种机遇,也是一种挑战。2000年,杭州市委八届五次全体(扩大)会议提出,杭州市要实施"城市东扩、旅游西进,沿江开发、跨江发展"战略,着力解决杭州发展空间问题。萧山、余杭撤市设区,杭州市区版图从683平方千米扩大到3068平方千米。杭州市委、市政府提出,杭州城市发展要突破"三面云山一面城"的城市格局,并历史性地提出了"沿江发展、跨江发展"等战略,将杭州市中心从武林门战略性地转移到钱江新城——杭州CBD、中央商务区。2001年7月1日,杭州大剧院在钱塘江边正式开工,标志着钱江新城建设正式启动,意味着杭州城市发展从"西湖时代"迈向"钱塘江时代"。钱江新城一期规划用地15.8平方千米,二期占地5.8平方千米。钱江新城核心区位于钱江新城一期,占地约4.02平方千米,规划地上建筑面积约为840万平方米,其中商务办公及公共建筑面积约为715.万平方米。钱江新城核心区规划定位为长三角南翼区域中心城市的中央商务区,是杭州市政治、经济、文化新中心,具有行政、商务、金融贸易、信息会展、文化旅游、居住等六大功能。核心区规划居住人口4.4

万人,提供就业岗位 22.5 万个。

2008 年 10 月,杭州钱江新城核心区向市民全面开放。杭州市民欣喜地看到了钱江新城的"一场"(市民广场)、"一城"(波浪文化城)、"一台"(城市阳台)、"一带"(沿江景观带即 CBD 公园)、"两河"(新塘河、江干渠)、"两馆"(杭州图书馆新馆、杭州城市规划展览馆)、"两隧"(新城隧道、钱江隧道)、"两院"(杭州大剧院、中国棋院杭州分院)、"两园"(世纪花园、森林公园)、"四中心"(市民中心、国际会议中心、杭州青少年发展中心、江干文体中心)及区域内 40 条道路。这不仅是新世纪杭州发展史上更是杭州 5000 多年建城史上最有影响力、最具标志性的重大事件之一。可以说,钱江新城让人感受到的不仅有磅礴的气势,还有杭州人跨越时代的胆识与智慧。截至目前,钱江新城已入驻各类企业 1500 余家,其中金融或类金融企业有 245 家,规模企业及企业总部 90 余家(注册资金为 5000 万元或税收在 500 万元以上),企业总部 18 家。

(二)规划理念演变历程

建设起源,雏形初现:以"公园式办公园区"建设的理念来指导核心区用地布局——《杭州市江滨城市新中心城市设计》(2001 年)。

概念确立,框架成型:"生态发展轴"创意构想的确立,落实于第一次控规与城市设计——《钱江新城概念规划国际咨询》(2002 年)、《钱江新城核心区控制性详细规划》(2003 年)、《钱江新城核心区块城市设计》(2004 年)。

反馈调整,深化完善:反思规划,实施评估,提出"创造城市活力、塑造非均质的城市空间"理念,启动规划调整——《钱江新城城市设计调整》(2006 年)、《钱江新城单元控规编制》(2007 年)。

综合体建设,整体推进:突出综合体建设理念,以政府导向的大项目带动方式加快形成核心区建设进程——杭州市于 2008 年提出"新城+综合体"发展战略,于 2010 年提出建设金融城的发展思路。

CBD 理念升级:2016 年杭州最新修订的总规中明确钱江新城核心区为城市新中心,钱江新城快速成长的根源就在于高起点的超前规划。《杭州市楼宇经济发展"十三五"规划》明确提出:"钱江新城要打造集行政、商务、金融贸易、信息会展、文化旅游和居住等功能于一体的高端商务服务中心。"CBD 的理念再次得到了升级。

2016 年 9 月 3 日,习近平总书记出席了在钱江新城杭州国际会议中心举行的 G20 峰会开幕式。以"金球"为标志的钱江新城,因此为世人瞩目,成为杭州的新地标。

(三)功能定位调整历程

2003 年,杭州市出台了《关于加快钱江新城建设的若干意见》(下文简称《若干意见》)。《若干意见》明确指出:"钱江新城是杭州大都市新中心和中央商务区(CBD)。钱江新城建设要立足于杭州城市性质,把握时代脉搏,重点发展现代金融、商务会展、信息服务、文化旅游等现代服务业,强化中央商务区功能,构筑具有时代特征、杭州风格、钱塘江特色的现代化城市新中心,使之成为新世纪杭州大都市的象征和标识。"在《若干意见》的规范和引领下,钱江新城建设取得了重要的阶段性成果,进入了建设的关键期、功能的成型期和产业的集聚期。

为进一步加快钱江新城的建设和发展,尽快形成杭州城市新中心和中央商务区,实现杭州城市空间形态布局和发展重心从"西湖时代"向"钱塘江时代"的根本转移,2006 年杭州市发布《关于进一步加快钱江新城建设和发展的若干意见》,进一步明确了"钱江新城是全市发展现代服务业和省会经济的主平台,重点发展金融、会展、商贸、文化、旅游、中介咨询等服务业。其中,钱江新城核心区定位为长三角南翼区域中心城市的中央商务区,是杭州政治、经济、文化新中心,具有行政、商务、金融贸易、信息会展、文化旅游、居住等六大功能"。

2018 年,全面开启"钱江新城 2.0"建设时期,钱江新城二期迎来了蝶变的最好时机。根据规划,钱江新城扩容二期将以尊重城市肌理及文化传承为前提,在基础设施网、生态绿地、功能业态、整体形态、城市风道、文脉传承等方面进行专项设计,并针对海绵城市、综合管廊、城市国际化、轨道交通线位和以公共交通为导向(Transit Oriented Development,TOD)的开发模式、快速交通网等提出多项优化方案,以"打造钻石江湾、共建品质生活"为目的,高起点推进一批富有震撼力的重大引领性项目,努力将钱江新城二期建设成为一个集行政、商务、商业、旅游、交通枢纽、居住于一体的城市国际化示范区。

南北两岸区域是不可分割的整体,不管是杭州市总体城市规划还是拥江发展行动规划,都将钱江新城和钱江世纪城的组合区域定位为杭州的城市新中心,因此,对于钱江新城一期功能和品质的提升,要与江对岸的空间布局和产业分布做系统性的考虑,避免形成同质化竞争,同时,钱江新城 2.0 理念,对一期功能和品质的改造提升具有一定的参考借鉴意义。

三、钱江新城发展现状评估

(一)开展现状评估的意义

开展现状评估首先是对城市规划政策和项目的影响的评价和把握,检验项目对经济、社会、环境产生的影响,注重长期的效果。从另外一个角度来讲,发展现状评估也可以作为城市规划政策和项目结果预测的工具,确定哪个行动需要被实施,并且预测实施后会产生什么样的结果。

通过对钱江新城 CBD 核心区规划建设近 20 年的阶段性实施评价,突出钱江新城规划与实施的阶段性成果主题,以钱江新城的可持续发展为主线,对钱江新城的开发建设、产业功能发展、规划和建设管理模式,以及社会经济综合效益进行阶段性系统评价,并在此基础上为钱江新城未来可持续发展提出引导性对策建议。

(二)钱江新城功能现状评估结果

1.产业发展与功能布局评估

楼宇经济——截至目前,钱江新城 CBD 城里已矗立着 137 幢高楼,聚集着 6600 余家企业,辖区属地企业税收亿元楼宇已超过 10 个。每天有近 8 万人在这里工作。各类总部企业的进驻,也提升了钱江新城核心区的经济效益。

金融中心——目前钱江新城已聚集微软、美亚财险、外企德科等外资区域总部 10 余家,拥有银行、证券、保险等行业省级以上持牌金融机构总部 56 家,是全省金融要素最齐全的区域之一,产业集聚优势初显。但由于受到地域、政策等因素限制,钱江新城的金融机构依然存在全球及全国总部数量不足的短板,急需改变策略,跳出传统金融业务范畴,才能迎来更大发展。

行政办公——自 2016 年杭州市四套班子及所属行政机构正式迁入钱江新城市民中心,杭州的政治中心正式进入"钱塘江时代"。目前,钱江新城已具备一流的会议展览设施,不仅可以满足元首级国际会议的高规格承办接待要求,而且也能解决元首会议以外的日常经营和管理问题。同时,行政办公功能也是钱江新城 CBD 独有的特色和优势。

文化娱乐——依托大剧院、城市阳台、波浪文化城等,逐步将钱江新城核心区打造成文化娱乐高地。就目前的文化建设现状而言,在处理好传统与现代、有形与无形、商务区与生活区 3 个关系方面,尚有提升的空间。

零售商业——当前,钱江新城核心区已有万象城和来福士这 2 座综合性现代商业中心,但辐射能力无法满足钱江新城西边和南边的商业需求,同时,核心区周边的小型商业服务点数量偏少且零散。横向比较,上海陆家嘴共有 15 个现代化大型商业中心,北京 CBD 有 10 余个。

居住功能——当前,钱江新城多种居住模式并存,但大量居住区被安排在外围区域,导致职住分离严重,形成通勤中的"潮汐"现象,可能在未来会造成一些不容忽视的问题。

2.建成环境与空间形象评估

空间可达性——外部空间可达性:基本按规划实现,道路交通可达性较好,但对外疏解能力已在高峰时段出现瓶颈,另外与钱塘江对岸联系薄弱,沿江道路尚未建成通车,贯穿钱江新城沿江地块的交通有待加强。内部空间可达性:核心区内部道路网基本形成,目前内部地块可达性较好,在主次道路的具体分配上,实施情况与规划意图存在一定的偏差。

总体开发强度与空间尺度——钱江新城核心区空间序列感良好,但整体空间形态较平,缺乏层次感,需要一些地标建筑来增加空间的层次感。另外,楼宇功能偏单一,空间尺度较大,缺少近人尺度空间。规划中期望的建筑沿街的骑楼并未得到很好的落实,仅部分建筑设有骑楼,尚未在街区内形成连贯的有遮盖的步行空间。

建筑形态及组合——较好地达成了城市设计及控规的目标期望,呈现高楼林立的都市中心感,公共视线通廊的疏导良好,视觉方向定位感强。但由于单体及组群建设时序有先后,核心区内早期建设的建筑与近期的建筑之间显得较为突兀,地块开发的整体关系有待加强。

景观视线——钱江新城主轴线空间界面形象鲜明,视线在市民中心处中断,视线层次感有待加强。滨钱塘江界面基本形成,立面形象和色彩不够丰富,缺乏层次感。滨新塘河界面建筑沿河景观形态较单调,与河流绿岸关系待加强,亲水景观及活动场所设置较少。

公共空间——公共空间整体格局已大致形成,公共空间体系自西向东开放程度和活跃程度呈递减态势:市民公园—波浪文化城—森林公园—世纪花园—城市主阳台。主轴连贯度规划的中央文化轴（波浪文化城）由于受市民中心地面层步行空间的阻断，并未形成连续贯通的轴线。

3.基础设施与综合交通评估

截至目前，钱江新城核心区已建成，地铁 2 号线、4 号线、7 号线这 3 条线路已投入使用，轨道交通线网及其站点在地下空间的人流吸引和疏解上发挥了重要作用，在加快地下空间网络成型、全面发挥综合效益方面作用凸显。但就钱江新城的功能定位和发展目标而言，目前的地铁线路较少，且周边楼宇无法通过地下空间直接连接交通系统和商业空间。

(三)评估建议

1.整体定位

经过总体评估和对比分析发现，钱江新城 CBD 的功能定位不够清晰。提到陆家嘴，大家会想到国际金融中心；提到北京 CBD，大家会想到总部经济、跨国企业；提到珠江新城，大家会想到繁华的现代都市经济，比如广州塔（广州小蛮腰）等标志性建筑。而当我们提到钱江新城时，第一印象往往是政务中心的职能（市民中心、大金球）。因此，笔者建议，钱江新城首先要找准整体定位，充分发挥自身独特的行政功能所带来的引领优势，结合国际会议会展、创意设计基础、数字产业、电子商务平台等，进行新功能的完善，逐步打造"CBD＋CGD[①]"的双核城市新中心，最终凸显同国内其他城市 CBD 的区别并拉开差距。

---

① CGD，为 Central Government District 的缩写，意为中央政务区。

2.金融功能

金融业是 CBD 的主导产业,但是,目前的金融企业引进速度很难消化钱江新城规划中庞大的金融业办公面积,需要在引进方式和政策扶持上继续努力,尤其是要引进高等级金融企业和外资银行。

3.会议展览功能

一个著名建筑往往可以成为一座城市的符号,如埃菲尔铁塔之于巴黎,悉尼歌剧院之于悉尼,自由女神像之于纽约,也正如"大金球"之于钱塘江时代的杭州。会议展览功能依然是钱江新城的一大功能,已经建成的杭州国际会展中心和杭州大剧院大大提升了杭州会展的设施水平。未来钱江新城的展览功能应当结合酒店接待形成专业化、精品化的会议展览聚集区。

4.商务办公功能

结合多方的意见,笔者认为钱江新城的商务办公起点很高,但是办公面积投放过于集中,远超过杭州本地市场的消化能力,导致入驻率与一流 CBD 的标准尚存在较大的差距。在这个方面,钱江新城应尽早制定关于 CBD 商务楼宇的发展规划,并专题研究楼宇经济发展的对策与举措。

5.旅游服务功能

钱江新城 CBD 的酒店接待业已经成熟,形成杭州的高端接待基地。但在旅游内容提供方面,除灯光秀表演外,钱江新城尚未真正形成都市旅游景点,因此在未来应结合自身的新都市形象,发展成为杭州的滨江都市旅游平台。

6.居住功能

核心区内的商品住宅以高档居住区为主,同时,核心区范围内又有大量的动迁、回迁居住小区,社会分层和贫富差距是日后钱江新城将面临的主要社会问题。对此,钱江新城管理方应尽早注重社区的建设。同时,为了保证钱江新城的人气,钱江新城应该继续提供多样化的居住模式,如酒店式公寓、白领公寓等。

四、钱江新城发展存在的问题

钱江新城作为杭州向世界展示的重要窗口,在全国同一时期建设的新城中是非常具有特色的,如优美的天际线、独特的中轴线、良好的视觉亲水性等。近年来,钱江新城CBD的发展指数也在逐年提升,其中交通中心、文化中心、金融中心、总部中心的地位进一步提升,国际化特征初现端倪,区域发展迈上了一个新台阶。但CBD的建设在促进城市经济发展的同时也产生了各种新问题,如CBD内白天"钟摆式通勤"和夜晚与周末"死城"的现象;城市中心区零售商业比重大幅下降,造成传统CBD呈现萧条局面;城市中心区居民人口大量流失,"有商无民"现象加剧;城市中心区出现衰退迹象;等等。通过对钱江新城发展现状的评估发现,钱江新城在多个维度尚存在一些较明显的弊端。

(一)单体维度

1.建筑同质化问题明显,缺乏城市文化特色

只有不同时代所打造的建筑才会呈现出城市发展的历史感。由于钱江新城在较短时间内完成了高强度建设,所以它存在建筑同质化的问题,缺乏地域性特征,在密集的公共建筑中显示不出杭州当地城市文化特色。钱江新城核心区规划时有留白的考虑,但留白不足,导致建筑同质化比较严重,缺乏多样性,尤其是初期一些实力相对不足的建设单位的作品,显得比较单薄。

2.城市建筑立面利用率低

通过前期实地调研发现,钱江新城公共建筑立面形式较单一,建筑结构也是千篇一律。现在还有很多商场的建筑立面被商家的大型 Logo 所遮盖,失去了建筑本身的魅力和城市文化特色。G20 杭州峰会期间,杭州做了大面积的亮化工程,总共用了 110 万个媒体点光源。从结果上看,是有一些成效,钱江新城现在已经变成一个旅游热点,最高峰时有 3000 辆大巴在钱江新城周边,但由此所造成的交通堵塞、垃圾量剧增等现象也引起争议。因此,利用建筑立面进行再创造也一度成为社会各界讨论的热点。

(二)区块维度

1.空间承载能力有待加强

在空间承载方面,2018 年,钱江新城规模以上法人单位吸纳从业人员为 6.05 万人,平均每平方千米吸纳从业人员 1.5 万人,但与北京

CBD(5.7万人/平方千米)、伦敦CBD(14.7万人/平方千米)相差较大，由此可见钱江新城CBD的空间承载潜力有待进一步提升。

2.新城和老城之间联动不足

钱江新城走出了一条"保老城、建新城"的城市建设新路子，但通过实地调研发现，钱江新城与老城区之间缺乏足够的联动，新老城区之间没有形成有效的资源、产业、人口协调发展关系，导致职住分离严重，形成通勤中的"潮汐"现象，长期下去，可能引起新城发展乏力、老城衰落，从而导致城市发展资源的浪费及不可持续发展。

(三)建设维度

1.地下空间开发存在问题

通过实地调研发现，钱江新城核心区部分地下空间各自为政，也没有很好地与地铁站点连通。经过了解，钱江新城核心区地下空间原本有完善的规划，但在后期并没有全面实施完成。当初规划做了一个"T字形"的地下贯通空间，而实际只完成了"一竖"，也就是波浪文化城。但是"一横"，也就是沿富春路下地铁4号线的3个站点完全贯通的规划，只完成了一小部分，没有完全贯通，导致周边楼宇无法直接通过地下空间接入交通系统和商业空间。当前，现状地区建设已基本完成，可新增地下空间少，给后期增补或连通造成巨大的限制和困难。

2.交通体系有待优化

广州珠江新城核心区、香港中环、巴黎拉德芳斯以及纽约曼哈顿CBD区域都设有便捷的人行、机动车行和地下轨道交通的多层次立体交通体系。钱江新城核心区在建设之初,规划中没有地铁,1号线、2号线都与其擦肩而过。后来在钱江新城管委会等部门的共同努力下,才把4号线引进来,再后来才有了7号线、9号线。作为杭州的政治经济中心,钱江新城就其功能定位和发展目标而言,地铁线路较少,可结合地下空间开发,优化和完善钱江新城核心区交通体系。

3.街区空间人性化尺度失当

城市空间是为人设计的,因此城市空间的大小尺寸,除了满足基本功能要求之外,更应将人的感受作为衡量标准。人在空间内的行为方式和感受,是"尺度"所关注的核心,也是尺度的"度"之所在。钱江新城核心区尚未形成连贯的有遮盖的步行空间,某些街区建筑沿街立面造型与人行道关系未能融合,行走在钱江新城街区,明显感到街区尺度过大,出行基本需要依靠交通工具,不太适宜步行,缺乏近人尺度的空间,道路级配及相应交通组织不够清晰。

(四)管理维度

1.后期建设与前期规划脱节

钱江新城规划之初的定位类似于上海的陆家嘴,为了做好规划,专门从德国请来顶级大师进行整体规划,还邀请市民、专家参加讨论,经过多次修改完善,才最终定稿。规划的制定持续多年,时间之长,在国内少有。然而,就钱江新城的发展现状而言,其规划功能未能完全实现,比如地下空间开发、地铁贯通、商业配套等,文件中均具有完善的规划,但在后期并没有全面实施完成。

2. 产业结构过于单一,且服务性配套商业偏少

2018 年,钱江新城财政总收入近 40 亿元,财政收入比重最大的前 3 位分别是商贸业、现代商业及金融服务业。文化创意产业收入占第三产业收入的比重仅为 1.6%,处于发展起步阶段,与成熟的上海 CBD 的相比差距较大。另外,通过实地调研发现,钱江新城核心区配套的服务型商业偏少:一方面,万象城和来福士这两座综合型现代商业中心的辐射能力无法满足钱江新城西边和南边的商业需求;另一方面,小型化、个性化商业文化业态配置较低,数量偏少且分布零散。通过问卷调查发现,钱江新城租金过高是导致商业配套无法集聚的关键原因。据统计,2018 年,钱江新城(核心区)的平均租金达到每平方米每天 4.99 元,较高的租金会"吃掉"大量商业配套,导致服务型商业配套无法集聚,从而导致目前商业配套能力不足。

3. 楼宇入驻率与成熟 CBD 之间尚存在较大差距

随着区域开发趋于完善,钱江新城楼宇经济效益逐步显现。截至 2018 年底,钱江新城商务楼宇入驻率近 80%。横向比较,上海陆家嘴 CBD 达 95% 以上,北京 CBD 为 97%,钱江新城楼宇入驻率与成熟中央商务区还存在较大差距。同时,钱江新城经济产业集聚效应不够明显,战略新兴产业、龙头引领企业、行业领军人物不多,产业集聚能力还有提升空间,创新创业能力有待增强。

当前,杭州正处在"后峰会、亚运会、现代化"的重要时间窗口,处于城市能级的蝶变期、数字经济赋能的迭代期、破除传统路径依赖的阵痛期、社会治理现代化的攻坚期、人民幸福感持续提升的考验期。在此背

景下,钱江新城作为杭州向世界展示其经济实力、文化特色、生活品质及发展理念的重要窗口,应清醒认识新时代的发展背景,抢抓机遇,应对挑战,明确新时代下"面向世界的新一代中央商务区('CBD+CGD'双核心驱动)"的功能定位,厘清前进的方向和目标,从而为有针对性地解决钱江新城发展中存在的问题提供可靠依据。

五、国内外新城及 CBD 案例分析

通过前期实地调研、问卷调查和资料搜集,系统整理出国内外一流CBD 的规划历程、楼宇经济发展情况、功能改造提升措施等,调研对象包括上海陆家嘴 CBD、广州天河(珠江新城)CBD、北京 CBD、深圳福田CBD 等,分别从经济维度、产业维度、智慧维度、创新维度、开放维度等多个方面展开深入分析,从而为钱江新城区域综合功能的提升、品质的完善、评价标准的构建等提供参考和借鉴。

(一)案例分析

1.上海陆家嘴 CBD 高质量发展运营经验

上海陆家嘴 CBD 是我国第一大商务区,各类资本较为集中,呈密集式分布。陆家嘴 CBD 又称陆家嘴金融贸易区、陆家嘴金融城,地处上海市浦东新区,区域总面积为 31.78 平方千米,其中,核心区占总面积的 5.34%,具有独特的地理优势和发展空间。陆家嘴 CBD 紧邻浦东国际机场,与世界各地的城市直接或间接通航,北与综合保税区外高桥港区相接,并借此与世界各重要港口城市相通,每年有数以万亿计标准

箱的货物运往世界各地。

2007 年,上海政府为了建立完善的商务区,借鉴英国伦敦的商务区构建方法制定了较为完善的《上海浦东金融核心功能区发展"十一五"规划》(下文简称《规划》)。《规划》一经提出就受到了社会各界的广泛关注。《规划》设定的目的是在我国一线城市中建立起集合众多金融企业、金融资本以及专业性人才的地区,同时,构建出创新型、标准制定型以及环境保护型的先行地带。如今,陆家嘴 CBD 已成为上海自贸区和浦东改革发展的核心功能区和主体承载区之一,是世界各国投资者进入浦东新区的一道大门。陆家嘴 CBD 产业发展现状如下:

(1)全球资源配置新高地。目前,陆家嘴 CBD 的各类金融基础设施健全,相关的产业集中度不断提高。在这种背景下,一些国际大型金融公司纷纷在此建立起了分公司。陆家嘴 CBD 除了有 300 多家具有跨国性质的商业集团外,还有各类功能性机构,如销售机构、营运机构、财务机构以及培训机构。

(2)金融开放和制度创新承载地。陆家嘴 CBD 努力打造一流世界性金融中心,不断健全金融体系,以此吸引越来越多的金融机构与金融方面的高素质人才。2015 年 4 月,陆家嘴金融片区正式被纳入中国(上海)自贸试验区,这就意味着陆家嘴金融城即将进入新的历史发展阶段。2015 年 10 月,上海推出自贸区"新金改 40 条",深化、细化相关实施准则并推动政策措施相继落地。目前,陆家嘴已经聚集了上交所等 10 多家国家级的金融市场和 800 多家金融机构,除此之外还有多家国内外银行总部、二总部和功能性总部,各类员工超过 50 万人,其中有 20 多万人从事金融行业。

在促进科创中心以及金融中心之间的有效联动方面,陆家嘴 CBD 除了有效地推进金融资产不断向科学技术创新倾斜之外,还从产业可持续发展的角度,推动科创中心以及金融中心之间的有效联动,使得金融科技产业得到快速发展,进而吸引更多的新兴企业为金融机构服务。陆家嘴 CBD 设置了很多金融科学技术培育基地,聚集了众多的科技相关企业,为金融机构提供科学技术方面的服务。

(3)建筑群承载商务区产业。从高层建筑的整体平均高度来看,陆家嘴中心区高层建筑群一共包括 53 幢高层建筑,代表着浦东乃至上海现代化国际大都市的形象。陆家嘴中心区相对于整个金融贸易区来说更高,是浦东乃至整个上海的"制高点",较高的高度和密集度也更符合其 CBD 的定位,体现了"上海的高度"。从空间维度上看,针对陆家嘴中心区与整个陆家嘴金融贸易区高层建筑的数量,按照不同高度等级[50 米以下、50—100(含)米、100—200(含)米、200—300(含)米以及300 米以上]统计可以发现,陆家嘴中心区 100 米(含)以下高层建筑所占的比例要低于陆家嘴金融贸易区,而中心区 100 米以上高层建筑,也就是通常所说的超高层建筑所占比例则要大大高于金融贸易区的高层建筑。陆家嘴中心区的高层建筑群以超高层建筑为主,100 米以上的高层建筑占比将近 8 成(79.25%),超过一半的高层建筑高度在 100—200(含)米,200—300(含)米的高层建筑约占 1/5,300 米以上的高层建筑占比 7.55%。从高层建筑的功能来看,陆家嘴中心区的区域功能定位以经济、金融、贸易等第三产业为主,是集商业、房地产、信息和咨询等于一体的 CBD。中心区的高层建筑群形成了五大功能组团。从建筑数量上看,在陆家嘴中心区的 53 幢高层建筑中,纯办公用途的高层建筑就多达 37 幢,占比将近 7 成,再加上包含办公的综合高层建筑和商办高层建筑,总占比逾 8 成,达 83%。

(4)一流的营商环境和配套措施。陆家嘴 CBD 以其一流的营商环境和配套措施,成为外资在国内开展业务的首选。世界著名跨国公司和国际金融财团各类总部,如区域总部、研发总部、培训总部、投资总部等云集,使区域总部经济快速形成。对于入驻的外资企业,陆家嘴推出了"服务企业首席联络员制度",派专人一对一提供跟踪服务,通过走访联络、收集问题、宣传政策、听取意见,为企业解答政策配套问题,包括拟定针对性的扶持办法,为外籍高管提供商务便利,协助解决随行家属、子女入学等问题。对于拟落户外资企业,陆家嘴指派工作人员全程提供政策咨询和办理服务,帮助企业解决设立中的各种问题,促进企业快速落地经营。此外,陆家嘴还充分发挥各项政策优势来吸引外资企业落地,比如新区总部企业、金融业、商贸业、航运业、专业服务业等扶持政策,针对企业需求进行政策匹配,为企业在陆家嘴发展提供财政扶持、市场准入审批、知识产权等方面的便利措施。

2. 广州天河 CBD(珠江新城)地下空间开发先进经验

1992 年,广州市提出建设国际化大都市,进一步提高中心城市地位的目标。作为服务业汇集点,CBD 是提高城市首位度、增强中心城市作用的关键。广州市天河 CBD 主要包括珠江新城金融商务区、天河北商贸商务区以及广州国际金融城。

珠江新城是广州天河 CBD 的主要组成部分。1993 年,广州市政府为了集中城市商务办公功能,以发挥更大的集聚效应,出台了《珠江新城控制性规划》，目标是把珠江新城建设成为未来城市的新中心，集金融、娱乐、文化、旅游、行政、外事等城市一级功能于一体的高级功能综合体。珠江新城规划用地 6.19 平方千米，规划建筑面积 1300 万平方米。其中，商务办公面积为 655 万平方米，人口规模预测可达 17 万—18 万人，就业岗位为 30 万个。

1993 年，珠江新城开发建设正式启动，但由于受一系列因素影响，珠江新城开发建设迟滞不前，甚至在开工建设 10 年后，珠江新城尚没有建成的写字楼。2002 年，广州市城市规划审批领导小组会议审议通过的《珠江新城规划检讨》对原规划进行了修改，包括降低容积率、增辟绿地、收回原来批租但无力承建的土地等，将地块进一步整合后重新批租。2003 年，广州市政府正式落实《珠江新城规划检讨》这一文件，对珠江新城重新进行定位：以城市新中轴线沿线的天河体育中心地区和珠江新城商务办公区为硬核，以天河中心区和东风路、环市东路沿线地区为核缘，以城市新中轴线南延地区为发展用地储备，以广州大道、天河东路为内部交通轴的 CBD 结构。根据这次政府对珠江新城的规划，城市新中轴线沿线的天河体育中心地区和珠江新城商务办公区逐步向着集商业与商务于一体的广州市 CBD 的核心发展。

珠江新城地下空间项目是在迎接 2010 年广州亚运会的宏观背景下，结合珠江新城地铁站建设，融办公、图书馆、住宅楼、地铁站和城市开放空间为一体，是地上、地下联合开发的成功案例，属于城市重大事件带动的混合式、集中式短期建设项目。珠江新城地下空间及中央广场坐落于广州市 21 世纪中央商务区 CBD 内，面积约为 1.4 平方千米，建筑面积约为 40 万平方米。该区域地面车行交通系统由"四横两纵"

（横向为黄埔大道、金穗路、花城大道、临江大道，纵向为华夏路和冼村路）干道网络组成，内有地铁 3 号线和 5 号线通过。地下空间的建设以交通功能为主导，实现地下交通与地下集运系统、地面中央景观广场一体化设计。按照人车分离原则，地下设置车行隧道、车库以及公交和轨道交通枢纽，地面全面实现步行化，构筑地下、地面和地上立体综合交通体系。

核心区地下空间共分为 3 层，总建筑面积约 40200 平方米。地下一层由地下商城、公交车旅游车停车场、地下人行道、地下车行道组成；地下二层是公共停车场、设备功能空间、集运系统展厅；地下三层是集运系统站台和隧道。区内交通由珠江大道东、珠江大道西的单行逆时针大循环系统解决，同时又划分北环、中环、南环 3 个交通小循环系统。最主要的地下商业空间为花城汇购物中心，总面积达 15 万平方米，集购物、餐饮、娱乐及文化于一体。

广州市对地下空间的控制性详细规划没有完全铺开，仅在重点地区包括珠江新城核心区、广州南站枢纽中心、广州金融城等地下空间进行定性、定量、定界线等的规划。另外，针对地铁站点与周边的连通问题进行提前规划，并在设计站点时要考虑可以打开侧墙。若需要连通的地块还没有业主，那么政府部门事先明确连通的衔接口、风亭位置等，再根据确定的条件进行出让。珠江新城地下空间开发利用由城投集团整体负责，取得很好的成效。

3.北京 CBD 绿色发展探索经验

北京 CBD 是西起东大桥路、东至东四环、南起通惠河、北至朝阳北路之间 7 平方千米的区域。1993 年，《北京城市总体规划(1991—2010

年)》奠定了北京 CBD 发展的基础。经过多年发展,北京 CBD 确定高端产业定位,明晰发展战略,已形成金融、高端商务、传媒产业共同发展的格局,入驻企业向高端化发展,总部经济活力不断增强。北京 CBD 不断在软环境和硬实力上改善营商环境,持续优化功能布局,使其在促进区域高质量协调发展方面,已经成为不可缺少的中坚力量,并正在逐步建成国际性、高端化、协调发展的商务中心区。

北京 CBD 促进产业协调发展路径如下:

(1)丰富总部经济业态,带动区域经济发展。近年来,北京总部经济发展成绩斐然,实力显著提升。总部经济在促进产业升级、推动发展方式转变上占有重要地位。在 CBD 总部经济中,租赁和商务服务业、批发零售业、金融业、房地产业、制造业占据重要地位,占 CBD 总部企业 90% 的纳税额。其中租赁和商务服务业又占了近一半,约是纳税总额的 40%;金融业虽只占 20% 的份额,但一直保持较高的增速。自 2012 年以来,总部企业的引入数量在全球城市中居领先地位。截止到目前,800 家入驻朝阳区的总部企业中,北京 CBD 占到 50%;同时,朝阳区 117 家跨国公司地区总部企业中,有 83 家落户北京 CBD,相当于北京市总部企业一半以上都集中在 CBD 区域。并且,总部企业税收总额仍以 10% 的速度连年增长。总部企业的入驻在北京 CBD 的经济发展中具有举足轻重的作用。

(2)发挥高端要素聚集优势,促进 CBD 国际金融业快速发展。北京市在 2008 年发布的《关于促进首都金融业发展的意见》中,将北京 CBD 定位为"国际金融机构聚集中心区",成为我国国际化资源最为富集的地区之一。北京 CBD 已经成为首都经济社会发展的重要增长极,位居北京六大高端产业功能区前列,在发挥首都优势、促进高端要素集聚和资源整合中发挥着重要的引领作用。北京 CBD 从 2008 年国际化发展至今,已具备展现北京乃至中国国际化和现代化的战略地位。北京 CBD 已成为北京市国际金融的重要承接地,成为国际金融机构最为完备的区域,入驻了包括国际证券交易所和保险机构、外资、银行、证券、汽车金融以及基金管理公司等在内的金融机构。北京 CBD 无论是在国际金融行业入驻上,还是在国际会议的承办、外籍人才的入驻上,都在北京市名列前茅,是目前北京国际金融产业最为发达的区域之一。

(3)依托现代信息技术,发扬高端商务特色。高端服务业的发展起源于现代信息技术的应用和现代管理理念的崛起,是现代服务业的核心,是高层次的、具有较强外溢效应的现代服务业,是衡量城市综合竞争力和现代化水平的重要标志。北京 CBD 在高端商务的发展上已经占据北京商务产业制高点。在高端商务企业入驻方面,北京 CBD 同样走在前列。世界级高端服务业企业中,有 200 多家已入驻北京 CBD,包括世邦魏理仕、仲量联行等企业。另外,跨国公司的研发总部也看中北京 CBD 的科技创新等优势,已有 100 多家入驻;跨国公司的地区总部也有 50 家企业入驻,如三星、通用等世界知名企业,涉及法律、咨询、广告代理、会计审计、银行、保险、规划设计等多个领域。

(4)文化产业外向延展,发挥传媒产业优势。经过多年的发展,北京 CBD 文化传媒产业已形成自身优势。北京 CBD 已经成为中国重要的国际文化传播枢纽,路透社、美联社等近 170 家国际新闻机构以及美国有线电视新闻网、美国之音广播电台、英国广播公司等北京 80％以上的国际传媒机构纷纷入驻。北京 CBD 还入驻了国内重量级的传媒机构及依附于其上的相关产业链,包括中央电视台、北京电视台等重要电视机构,《人民日报》等知名报刊,以及新浪、搜狐和网易等中国知名的因特网门户网站。围绕着 CBD 传媒机构,尤其是中央电视台和北京电视台,吸引了大量上下游企业的跟进,形成了一条包含设计研发、影视经济、投资等完整的产业链。随着中央电视台正式迁入 CBD,上下游企业不断增多,北京 CBD 已经有 500 家与传媒有关的企业入驻,规模效应凸显。随着数字技术的发展,以智能手机、移动网络等为媒介的新媒体成为 21 世纪知识经济的核心产业和新的经济增长点。新浪、搜狐、网易、阿里巴巴、雅虎、亚马逊和分众传媒等新兴网络媒体企业不仅为北京 CBD 新媒体产业积聚了力量,还创新了新媒体与传统媒体的合作方式,创作出人们更加喜闻乐见的文化产品。

(5)以楼宇经济为载体,促进 CBD 产业发展。楼宇经济在北京 CBD 发展过程中具有重要战略地位,是重要特色之一。2015 年,北京 CBD 119 座商务楼宇中,共有 52 座楼宇的税收超过 1 亿元。截至 2018 年 11 月,CBD 功能区税收超过亿元的楼宇有 140 座,其中税收超过 10 亿元的楼宇达到 22 座;CBD 中心区税收超过亿元的楼宇达到 51 座,超过 10 亿元的楼宇达到 12 座,其中贡献最大的楼宇纳税额超过 50 亿元。这与北京 CBD 不断完善楼宇服务体系与品质评价体系,以及不断提升楼宇服务水平是分不开的。

北京 CBD 楼宇服务体系实现了对产业空间的统筹、管理、引导和服务。楼宇品质评价体系可以从选址与建筑设计、节能与设备管理等 6 个层面对区域内楼宇做出科学、系统的全方位测评,引导楼宇全面提升品质,吸引更多优质企业入驻,从而提升区域发展品质。此外,制定楼宇鼓励政策吸引企业。为促进 CBD 经济提升,北京市朝阳区政府通过财政补贴的方式扶持 CBD 楼宇经济的发展。对于与 CBD 产业结构适配的产业,与之相关的高端商务、文化产业、总部企业等在朝阳区工商注册纳税使用面积达到 5 万平方米的甲级楼宇,可以获得政府提供的专项补贴。

全面促进 CBD 区域绿色发展路径如下:

(1)设计绿色建筑,打造生态 CBD。2017 年 3 月 27 日,北京 CBD 核心区获得美国绿建委员会颁发的 LEED-ND①(即 LEED 绿色社区认证体系)金奖预认证,成为国内第一个通过 LEED-ND 认证的城市中央商务区。LEED 认证体系以绿色、低碳、人文和创新为理念,是目前国际影响力很大的绿色社区评估体系之一,在世界范围内得到认证,被国内外企业、商业地产及专业评估机构高度认可。

其中,LEED-ND 是一个以精准选址、都市化、绿色建筑为基本原则的指导绿色区域的规划、设计和施工的认证标准,代表着区域绿色发展的高标准。目前,CBD 中心区有 9 个绿色建筑项目,其中有 137 万平方米被 LEED 认证,数量上是北京 LEED 认证的 20%,面积上是北京 LEED 认证的 32%,是北京市绿色建筑最集中的区域,绿色、品质、智慧化楼宇项目为区域产业结构"高精尖"发展、营商环境优化提供了优质的空间载体。同时,北京 CBD 还结合区域发展实际,秉持城市更新理念,把区域建设与改善民生、提升环境相结合,积极推进棚户区改造、永

---

① LEED-ND 全称为 Leadership in Energy and Environmental Design for Neighborhood Development。

安里旧城区改建等项目,这一系列措施提升了区域环境品质。

(2)开展楼宇能源审计,建设节能CBD。为进一步摸清区域整体能耗水平、推进绿色CBD建设,CBD管委会于2016年启动并完成了包括国贸中心、银泰中心在内的12家楼宇的能源审计工作,通过对各楼宇近3年来能耗使用情况的详细梳理,发掘各楼宇的节能潜力累计1865吨标准煤,取得了良好的效果。同时,北京CBD管委会以资金补贴促节能改造,已经累计为区域内楼宇申请节能改造资金400万元,此项举措极大地提高了入驻企业的节能积极性,有利于节能CBD的建设。

(3)开展绿色产业,建设低碳CBD。早在2009年,北京市朝阳区就提出了打造CBD低碳商务区的理念,确定以低能耗、低排放、低污染为基础的经济发展模式。多年来,北京CBD一直将低碳作为一项重要原则,并尽可能地使之贯穿于CBD发展建设的方方面面。2010年9月7日,为进一步落实低碳理念,朝阳区与北京节能环保中心、西门子(中国)开展合作,将低碳理念应用到楼宇的设计、建造以及使用的每一个阶段。在2011年举办的国际商务中心会上,北京CBD以"科学发展,要素聚集,低碳示范,引领创新"为主题,与中国国际金融有限公司等多家即将入驻的企业签订低碳发展承诺书,确定低碳发展的基石。在楼宇建设过程中,将环保从设计到项目结束都落到实处,坚持绿色设计理念,利用环保材料,对可回收资源进行循环利用,促进北京CBD的绿色产业建设。

(4)高品质规划与完善CBD基础设施建设。北京CBD经过多年发展,高品质规划的理念已扎根于林立的建筑中。北京CBD目前包含高度209米的京广中心、249米的银泰中心、330米的国贸三期以及

2011 年开工建设的高度 510 米的"中国尊",它们代表着不同的建筑风格和理念,这些又完美地融合于北京 CBD 经济中,形成带有浓郁的北京 CBD 特色的楼宇经济,使得北京 CBD 产业结构更加高端化。

在道路交通上,北京 CBD 更体现了高品质规划的特色。为改善交通拥堵的状况,北京 CBD 借鉴国际经验,加强对地下空间的合理利用,在空间上达到对交通网络的扩展,这是有效的解决思路。2011 年,北京 CBD 启动核心区地下空间建设,为 CBD 提供更高标准的基础设施。CBD 核心区采用九宫格网络布局。按照规划,地上建筑规模达 270 万平方米,地下建筑规模达 140 万平方米,总体规模达 410 万平方米。地下建筑规模约为地面的一半,地下设置了大量基础设施。除了每栋楼宇的独立地下空间外,CBD 核心区基础设施项目也将是公共空间。公共空间位于朝阳区 CBD 核心区中央公共绿地和道路下方,南北长约为 500 米,东西宽约为 600 米,地下建筑面积约为 52 万平方米。地下空间主要为 3—5 层,其中最重要的是 5 层,这里是北京最大的"地下城"。从布局来看,地下 18 米至 14 米的人行联系层,与地铁出口贯通,使得地铁带来的人流通过地下人行联系层到达区域的各个楼宇。同时,地下一层涵盖餐饮、休闲以及其他服务设施,为区域提供服务支持;地下二层是车行联系层,通过这一层的设计,区域的车辆得以分流,极大地缓解了 CBD 核心区域的交通拥堵状况;地下三至五层是包含热力、电力的综合管廊,可以缓解对地面道路的破坏,还包括人防工程和机房,可以作为一个十几万平方米的防灾疏散中心,为整个区域提供全面保护。此外,CBD 核心区的地下空间也留出了扩容的空间,随着发展的需要可以灵活调整。

4.世界上第一个城市综合体的诞生——巴黎拉德芳斯 CBD

拉德芳斯区(La Defense)位于巴黎市西北部的塞纳河畔,是巴黎以"卢浮宫—协和广场—凯旋门"为标志的城市中轴线向西延伸的终点。拉德芳斯区自 1958 年开始建设,建区的目的是承担巴黎全市大部分的商务功能,缓解巴黎老城区的人口、交通压力并保护好巴黎中心城区的古都风貌。建区 50 年来,拉德芳斯不再局限于商务领域的开拓,而是将工作、居住、休闲三者融合,环境优美的拉德芳斯也正在成为一个宜居区域。而 85% 的员工依靠公交上下班,亦证明了欧洲第一商务区交通方面的便利条件。

从 20 世纪 70 年代以来,随着世界城市化进程的加快,许多城市开始对其城市中心的建设进行深度思考和改造实践。为了避免重蹈过去城市开发功能单一、建筑分散而无法相互联系的覆辙,很多城市在旧城改造或新城建设的过程中,开始强调中心区完整功能和建筑统一的规划。而拉德芳斯的出现,开创了全新的城市发展模式——城市综合体(HOPSCA),为未来的城市综合体发展指明了方向。

城市综合体(HOPSCA)又被称作"豪布斯卡",这里 H 代表 Hotel(酒店),O 代表 Office(写字楼),P 代表 Park(花园、停车场),S 代表 Shopping mall(商业),C 代表 Convention(会议会展),A 代表 Apartment(公寓)。以上各项相互组合,并在各部分之间建立一种相互依存、相互推动的互动关系,形成了一个多功能、高效率、功能复杂而又统一的建筑群落,从而获得良好的经济效益、社会效益及环境效益。

拉德芳斯就是城市综合体的最好范本:目前城区内已建成写字楼

247 万平方米,其中商务区 215 万平方米、住宅区 1.56 万套,拥有面积达 10.5 万平方米的欧洲最大的商业中心。这也是欧洲最大的公交换乘中心,拥有 67 万平方米的步行系统,集中管理的停车场设有 2.6 万个停车位,交通设施完善。

城区内建有占地 25 万平方米的公园,种植 400 余种植物,并建了由 60 个现代雕塑作品组成的露天博物馆。如此庞大又繁杂的资源互相补充、互相作用,使得拉德芳斯已具备小型城市的基本功能,给人们提供了商务、居住、办公等一站式的完备服务,也一跃成为巴黎的次中心区。

"让全世界的企业家都知道它,都来这里谈生意。"法国人修建拉德芳斯的目的,就是想在这里建起一个全法国甚至全欧洲最大的经济中枢。而至今这里所有的一切,可以说已经基本实现了初衷:世界上 100 家最大企业中,已有 1/5 在这里设立了办事处;法国国内 20 家最大企业中,有半数以上的代表处安置在这里,有的大企业、大银行像埃索石油公司、法国电力公司、里昂信贷银行等甚至买下了整座摩天大厦;有 700 多家大企业的总部或办事机构设立在此,职工总数超过 10 万人;来往这里的法国及世界其他国家的企业家终年不断,这里饭店、旅馆等服务设施一应俱全,铁路、公路交通四通八达。

"拉德芳斯的交通很便利,尤其是地铁系统非常发达,上三层、下三层,下地铁后可以直接到达宾馆、写字楼,非常方便。"这是深圳卓越商业置业常务副总经理李程在 2001 年首次到访拉德芳斯的第一印象。人们可以行走在其间欣赏雕塑品,可以去商业街购买名牌商品,可以让小孩在旋转木马上娱乐一番,可以坐在咖啡吧里品味一杯浓香的咖啡。

广场中心还有一个电子控制的音乐喷泉,夏季每逢星期三中午、星期六下午及星期天傍晚都会有音乐表演,人们可以一边坐在旁边享受悠扬的音乐,一边观看凌空飘舞的喷泉表演。这些都是构成城市综合体(HOPSCA)不可或缺的因素。

(二)经验启示

对国内外优秀 CBD 案例的梳理和分析,为钱江新城 CBD 功能提升和综合品质改善提供了一定的启示和借鉴。

1.探索综合开发机制,保证城市 CBD 规划有效实施

一方面,开发公司与政府紧密联系,贯彻政府对开发区的发展计划,保证政府对区域规划与设计的主导权;另一方面,在土地收购、基础建设中有较大的主导权,通过基础建设的招商引资取得客观的收入,恰当处理政府与居民的利益关系,为居民争取更多的利益。这种平衡关系保证了 CBD 及副中心建设的顺利进行。

2.建设发达的综合交通系统,保证车辆、物流通畅运行

巴黎在拉德芳斯区建设初期便制定了人车分流的交通规则,经过几十年的建设,目前该区域内已形成了高架交通、地面交通和地下交通三位一体的交通系统。地铁能够使人们从外围直通 CBD 内部各个区域,地面建成几层的交通干道、立交桥和停车场,并附带有大量的交通标志,引导车辆有序停放。区域内建成发达的各基地互通的交通系统,保证各基地间离郊互通。车辆通行区域上方建成人行道,使人车交通互不干扰。

3.建设功能多元复合的智能楼宇,保证充足的商务空间

建成功能复合型、多元性、智能化的写字楼,既要有充足的空间以满足商务需求,又要针对不同公司的不同空间需求进行个性化的设计,保证每栋楼的采光系统互不干扰。楼内建成完善的通风照明系统,注重在大楼设计中推广节能技术,满足商务需求,为企业提供良好的外部环境,也与强调城市发展和环境保护间的协调关系相吻合。

4.建设完备的配套设施,提升 CBD 的综合服务功能

CBD 本身具有商务与商贸功能,当然不能缺少了商场、超市、饭店等可以为区内职员提供便利的生活服务的配套设施。拉德芳斯区内有 CNT 会议等数家大型会展中心,宾馆客房超过 800 间,还有邮局、餐厅、快递公司等一系列配套设施,是真正以商务为主、商贸为轴的多功能一体的 CBD。

5.营造良好的景观文化环境,丰富 CBD 的内涵与外延

作为 CBD,建筑的多样性与独特性以及区域的文化是非常重要的。每栋建筑都应该依据其性质和企业的特色来设计,使其具有独特的气质,同时 CBD 应该有突出的标志性建筑。标志性建筑不仅可以为 CBD 撑起门面,也是现代都市文明的象征。

六、钱江新城引领杭州世界名城建设的功能定位

后峰会前亚运,是杭州建设独特韵味别样精彩世界名城的重要战略契机。杭州要建设世界名城,钱江新城 CBD 首先要贡献出自己的智

慧与力量。就国家战略、长三角一体化战略、推进大湾区和大都市区建设而言,更是需要一个强有力的龙头去带动和引领。综合来看,钱江新城 CBD 具备了成为这个龙头的基础条件和发展潜力,进而强化杭州在全省、全国乃至全球发展格局中的独特优势和战略定位。为此,从发挥城市核心作用、服务重大经济战略、凝聚各方力量、增强城市活力等角度考虑,我们将钱江新城在新时代下的功能定位总结为以下几点。

(一)城市数字化先行示范区

杭州市委十二届四次全会强调,聚焦数字经济"一号工程",全面推进"三化融合"行动。数字经济是杭州新旧动能转换的关键、城市转型发展的支柱。"三化融合"行动,就是要推进数字产业化、产业数字化、城市数字化,其中,城市数字化和普通市民的生活更加密切,从居住到出行,从就医到教育,从办事到管理,无不展现着数字化的无限魅力。

位于钱江新城的市民中心作为杭州政务服务的"第一窗口",也是城市数字化改革的突破口。如今,钱江新城作为新时代杭州城市发展的核心区域及高端要素集聚地,更应该在全面系统抓城市数字化方面发挥"头雁"的作用,继续坚持以城市数据资源深度开发利用为支撑,打造多元参与、成果普惠的数字治理杭州模式,努力将钱江新城打造成为城市数字化先行示范区,为杭州市在全省率先实现"两个高水平"目标、加快建设独特韵味别样精彩世界名城、打造展示新时代中国特色社会主义的重要窗口提供坚强保障。

(二)未来社区智慧生态样板区

在浙江省"两会"上,未来社区建设被写入《政府工作报告》,且被定义为 2019 年扎实推进大湾区建设的标志性项目之一。之后,浙江省政府印发《浙江省未来社区建设试点工作方案》,就未来社区建设提出了明确的工作目标和建设要求,勾勒出未来社区建设的未来邻里、教育、健康、创业、建筑、交通、能源、物业和治理等九大场景。

钱江新城作为杭州都市区的地理中心和城市发展新中心,在未来社区建设方面应奋勇当先。钱江新城的改造和新建,应结合城市数字化探索和实践,落实未来社区实体建设和数字建设双重理念,加快推广应用城市信息模型(City Information Model,CIM)平台,集成数字化规划、设计、征迁、施工和运营。同时,秉持"5G 赋能,数据驱动"的建设理念,将"5G+数据智能"作为社区智能化的核心引擎,以 5G 实现万物智联,引领未来社区场景创新,推动未来社区转型升级,进而提高钱江新城一期的功能品质以及钱江新城二期的项目建设质量和效率。同时,打破空间开发的旧思维定式,创新社区空间开发新制度,将钱江新城区域打造成为大湾区未来社区建设的智慧生态示范区。

(三)全球数字金融中心、金融科技应用示范区

2019 年 10 月 29 日,经中国人民银行同意,由中国互金协会和世界银行共同支持建设的全球数字金融中心于杭州正式成立。这一次,钱江新城不论是在地理位置上还是在产业优势上均占据举足轻重的地位。对应钱江新城金融产业优势和信息技术产业基础,应积极承接全

球金融中心的筹建和运营,大力推进大数据技术、互联技术、分布式技术、安全技术等在金融领域的应用,努力将钱江新城打造成全球数字金融中心、金融科技应用示范区。

(四)"CBD＋CGD"双轮驱动的特色"CAZ"

如今的钱江新城汇聚了浙江财富金融中心、迪凯国际中心、来福士、万象城、浙江股权交易中心、浙江金融资产交易中心等40余家省市级的金融机构,其中包括各家银行在杭州设立的浙江总部。同时,钱塘江、CBD公园、城市阳台使得钱江新城和自然完美地结合起来。CBD定位注定了钱江新城的发展优势,这将是全国最具活力的商务区之一,是中国楼宇经济"十大活力城区"之一。新时代下,钱江新城CBD的定位应该进一步拔高,要坚持"环境立市"战略,建设一流的营商环境,通过引进国内外大企业总部、跨国集团地区分部、金融保险机构、会议展览、现代物流和咨询中介等现代服务业机构,打造总部经济高度集聚、具有鲜明金融商贸特征的世界级企业总部集聚地。

CGD可以理解为政府和政权汇聚之地,是指一个城市、一个区域乃至一个国家的政治中枢。城市行政中心具有物质功能、景观功能和精神功能。其中,物质功能包括行政办公、集会与仪式、文化娱乐、游憩休闲等,景观功能主要体现在城市空间的标志上,精神功能则包括了政治特征、文化特征和场所特征等。整体上说,与城市商业中心或是其他城市公共活动中心相比,城市行政中心的功能特质不仅代表着城市中心的意义,还更多地集中体现在它的心理影响及其象征意义上。

2016年10月,杭州市人民政府驻地搬到了钱江新城,自此,政务功能成为钱江新城重要的元素,同时也是钱江新城所特有的优势。从某种意义上来说,近几年能有如此多的金融机构和企业总部进驻钱江新城,很大一部分原因是对政务引领功能的追随。因此,钱江新城应继续扩大政务功能的影响力和优势,以市民中心为核心,成为融合商业功能、景观功能和精神功能的杭州 CGD。

近年来,国际大都市已开始由传统 CBD 向具有复合与高级功能的中央活动区(Central Activity Zone,CAZ)转型,既要打造 24 小时城市活力中心,又要研究把握办公、零售、居住、酒店等业态的合理占比。钱江新城以"CBD＋CGD"双核驱动努力成为杭州市人才流、资源流、信息流最为集中的"司令部"和杭州大都市城市新格局的"坐标原点"。

七、钱江新城 CBD 功能品质提升及区域协调发展对策和建议

(一)优化地下空间及智能交通体系

香港中环、巴黎拉德芳斯以及纽约曼哈顿 CBD 区域都设置了便捷的步行系统,为人们提供安全、便捷、富有人性化的步行环境。钱江新城核心区作为杭州城市的准中心,其交通体系及地下空间的开发利用与建设世界名城的发展定位尚有一定出入。

当前,钱江新城 CBD 现状地区建设已基本完成,可新增地下空间少,给后期增补或连通造成巨大的限制和困难。因此,建议充分考虑优化并利用现有地下空间,尽可能实现地下一层相互连通,以地铁为核心,形成集地下公共空间、地下基础设施及地下交通设施于一体的地下

综合利用体系,打造钱江新城 CBD"隐形的城市"。同时,完善地下人行系统,在地下地上的接口处采取合理的优化与衔接,形成立体化交通体系。在地上空间,通过构建人行、非机动车、绿道三级慢行体系,打造安全、连续、宜人的慢行空间;形成城市绿化步行通廊、城市滨水步行通廊和城市风貌步行带构成的步行网络;优化提升公共自行车服务;引导互联网共享自行车良性合理发展。

(二)以多种方式盘活核心区内人气

1.打造商业街

经过实地调研发现,钱江新城核心区商业氛围欠缺,尤其是在核心区的西南方位,笔者建议选择合适的位置和空间开展步行街、商业街建设。

位于钱江新城核心区西南角的观音塘小区,于 1990 年竣工,经居民意见反馈,小区内的配套设施及周边环境不尽如人意,如车位管理混乱、小区没有活力、环境较差等,调研中一半以上的居民希望小区环境得到改善或者拆迁置换。结合钱江新城西南方位特色商业欠缺、活力不足的短板,笔者建议,可在此区块内做些文章,通过拆迁改造,将此区块变成民俗商业街、特色商业街等。

同时笔者还发现,钱江新城核心区内几处公园缺乏活力和人气。不管是森林公园还是市民中心周边及"大金球"边侧的几处休憩公园,人流量都很小。笔者建议,可通过公园开口设置引导人流穿越公共空间,建议公园内部的具体设计和改造根据公众需求及相应活动安排做出考虑,尽量创造多层次空间,以满足不同人群不同时段的需要。

2.提升邻近"活跃用途":商业零售和餐饮

商业零售和餐饮会在空间结构的效果(空间结构的布局方式所形成的空间活力度)上吸引更多的活动。两者相互作用,形成良性循环,通过人在场的方式,有利于活跃空间,增强自然监视。建议在广场适当位置增设餐饮和商业零售点,吸引人流停驻,延长空间使用时间。同时,增强核心区主轴的波浪文化城和沿江的城市阳台处的商业文化、休闲旅游等人气活力的功能设施,提高沿江平台的使用率,充分利用沿钱塘江极好的景观优势。

3.聚集建筑物出入口

将建筑物的主要出入口朝向开放空间,可以提高空间中人存在的机会,增加自然监视,增强空间的安全感。建议沿江城市阳台部分的公共空间增设地块或建筑出入口,以提高使用度、提升连续人流的通过和在场性。

4.增强新城规划管理控制的弹性

目前,钱江新城CBD最高的建筑是258米的浙江财富金融中心西塔,与632米的陆家嘴CBD上海中心大厦、441.75米的珠江新城广州国际金融中心、528米的北京CBD中国尊等相比,相差其远。通过了解得知,由于受到航空管制等,杭州钱江新城CBD的建筑高度有严格的限制要求。笔者建议,在既有的城市规划管理机制、航空管控标准等基础上,针对钱江新城重点地段实行专家论证制度和公众参与机制。针对高度、密度、绿化率等要素,通过专题讨论和意见征询的形式,商议相关规划建设议题,获取与城市主要空间视点(如西湖、国际机场等)的协调,以达成丰富空间层次的目的,适当提高制高点的高度,并促进新城建设的良性发展。

(三)开辟楼宇经济新路径,发展全球化 CBD 经济

CBD 楼宇经济的发展路径,需要重点考虑从社区治理角度完善内涵管理,从生态网络角度打造总部集群,从数字财富角度提升国际流量,逐步发展新时代全球化的 CBD 楼宇经济。同时,依托钱江新城核心区大量楼宇资源,可利用新一代信息技术,打造智慧楼宇管理新模式。

社区治理:创新完善内涵管理。作为顺应楼宇经济蓬勃发展的社会服务管理创新产物,楼宇经济社区在生产、生活、生态等 3 个空间上功能复合,且具有传统城市社区所不具备的延展性、共享性、创新性、网络性等特点。随着我国经济发展更加注重内涵发展、质量发展、特色发展,CBD 楼宇经济需要通过社区治理创新来完善内涵管理。要搭建各方广泛参与发展的平台,培育特色楼宇经济社区开放式共用平台,在静态交通等基础设施环境优化、建设智慧楼宇社区、构建楼宇社区新时期治理体制等方面不断创新,实现 CBD 楼宇增量扩容和楼宇资源的经济效益最大化。

生态网络:创新打造总部集群。新时期,随着国内外经济环境的变化和网络 5G、智能物联、远程链接、云平台等新技术的应用,CBD 单体楼宇的作用逐步缩小,以区域性楼宇群为单元的"总部+"乃至大面积楼宇集聚而成的"直立开发区"形态的内生性经济网络逐步形成,成为楼宇经济效益提升的现实选择。深入发掘 CBD 区域内部生态联系,实施老旧楼宇更新改造行动,实施专业楼宇有序打造行动,实施楼宇综合

服务提升行动,实施绿色生态楼宇创建行动,实施以楼聚产、以产兴区行动。同时,进一步提炼产业内涵,提高总部能级,提升经济层次。

数字财富:创新提升国际流量。在当今全球化的时代,楼宇经济作为高端服务业和总部经济的载体,承载着提升城市在全球分工协作体系中地位的关键作用。CBD楼宇经济的国际化,要按照扩大国际影响力度、加强国际交流活动、提升国际服务水平3个方面的发展路径,分别从经济发展、国际交流和环境服务等方面着手。第一,切实扩大国际影响力,完善国际机构总部——形成全球经济创新区;第二,加强国际交流,展示区域魅力形象——熔铸世界文化交往区;第三,提升国际服务水平,完善国际交往设施——加大构建生态城市服务区等方面的工作力度。结果是,使钱江新城CBD尽快进入国际CBD发展第一阵列,并构筑国际CBD网络层次的数字财富空间。

(四)创新CBD区域绿色智慧发展

全面促进CBD区域绿色发展,建设与国际标准接轨的绿建认证体系,积极开展实施改造绿化景观、改善环境卫生、改善市政配套、治理水环境、亮化城市、改造街景、加强交通管理等提升工程。打造具有CBD特色的绿色景观,创新节日景观亮化形式,凸显与楼宇一体化的景观效果,探索CBD区域交通秩序改善新模式,同时加强道路清扫保洁监测与道路、公共设施养护,确保区域环境品质优良。加大资金投入,持续对基础设施较差、基本功能不完善、百姓生活不便利的老旧社区进行改造,提升民生品质,推动CBD周边职住平衡发展。强化地上、地下复合开发的理念,营造CBD地下特色空间,优化城市交通功能,整合地下空间资源。

（五）坚持"环境立市"，打造国际一流的营商环境

"人间天堂"是杭州的美誉，"环境立市"是杭州的核心战略。钱江新城 CBD 要坚持"环境立市"政策，深化改革、简政放权，营造透明高效的政务服务环境，争取形成"全国领先、全省示范"的工程建设项目审批协调、管理、运行、监督体系。放宽政策、放开限制，营造开放便利的投资贸易环境，合理压缩通关时间，实现国际贸易进出口业务全部通过单一窗口办理；深挖潜力、减负降本，营造成本适宜的产业发展环境；崇尚创新、鼓励创造，营造充满活力的创业创新环境；保护发展、稳定预期，营造公平公正的法治环境；巩固优势、软硬并举，营造舒适宜居的生态人文环境，为破解"三门三山"打通"最后一公里"。

（六）提升人才培养质量，构筑人才集聚高地

CBD 不仅是现代服务业集聚区，更是高端人才集聚地。大力引进高层次复合型人才和创新性专业技术人才，充分发挥高层次人才队伍的辐射、引领、带动作用。积极引进外服①、外企等人力资源龙头企业入驻集聚 CBD，使得商务区产业特色更显活力，承载功能进一步增强。统筹安排专项扶持资金，加大各类"双创"平台扶持力度，努力构建全链条创新创业载体。积极增加重点实验室、工程技术中心、院士工作站等各类创新平台，培育现代服务业企业技术研发中心和众创空间。强化科

---

① 外服企业是指为外资企业服务的企业。

技创新支撑作用,弘扬工匠精神和企业家精神,搭建高技能人才工作站,打造名匠工作室,为 CBD 引进高层次专业性人才。提升人才培养质量,重点培养高层次人才,建立通畅的职业晋升通道,做到既能够引进人才,又能留住人才。

(七)体制机制创新,推动区域协调发展

实践证明,当初杭州市委、市政府建立以钱江新城管委会为核心的复合运作主体,赋予钱江新城准国家级开发区的管理权限,确立以经营规划推动经营城市的发展理念,是完全有必要的,也是完全正确的。2001 年 4 月,杭州市钱江新城建设指挥部正式成立。2002 年 2 月,在指挥部的基础上,又增挂钱江新城建设管理委员会的牌子。它们合二为一,负责钱江新城范围内的规划制订、征地拆迁、市政基础设施建设和经营管理工作。这就明确了钱江新城管委会,既是一个负责规划管理、报建审批的政府管理主体,又是一个开展土地出让、招商引资的服务平台,还是一个负责资金运作和基础设施项目建设的经营实体。

1.“两委合并”

当前,钱江新城与对岸的钱江世纪城共 40 余平方千米的规划范围内,涉及 3 个不同的开发和管理主体。其中,钱江新城一期由钱江新城管委会管理,钱江新城二期由钱投集团负责开发,钱江世纪城由萧山钱江世纪城管委会负责开发。主体多、体制乱、资源散是当前所存在的一个体制弊端。笔者建议,整合钱江新城管委会和钱江世纪城管委会,形

成"两委合一";同时,整合钱投集团和钱江世纪城开发公司,真正形成"两城合一"的发展合力。

2. 财税体制改革

目前,钱江新城的财税上交给杭州市区,钱江世纪城的财税上交给萧山区政府,笔者建议以钱江世纪城作为萧山财税改革的试点区,通过"两委合并",推动"两城合一",统一将财税交由杭州市区,推动资源集聚形成合力,共同推动打造杭州大都市区建设。

3. 市铁投集团划入市交投集团

正是依靠"以新城管委会为核心的复合运作机制＋准国家级开发区管理体制",钱江新城顺利完成了"一次创业"。2014 年 7 月,经杭州市政府批复同意,杭州市钱江新城管委会进行了体制调整。钱江新城管委会主要职责为:在钱江新城(城东新城)规划区域内参与规划编制,经批准后组织实施;统筹协调规划区域内重大基础设施建设,负责招商引资、宣传推介、产业功能培育和社会投资项目协调;承担钱江新城核心区 CBD 开发建设管理工作;负责全市铁路建设的协调、推进相关工作;归口管理奥体博览城建设。由钱江新城管委会出资成立的钱江新城投资集团公司主要职责为:承担资产经营管理、城市开发建设、资本投资运作;承担城东新城、钱江新城扩容区块及三堡和上城区块的主体职能并实施开发建设;履行市铁路投资责任主体职能,负责市级铁路建设资本金的筹集和划拨,并履行出资人的职责和义务。钱江新城管委会所持杭州市铁路投资集团公司、杭州市钱江新城建设开发公司、杭州市城东新城建设投资公司、杭州钱江新城资产经营管理投资公司股权和市民中心建管办及其所持的市民中心商务楼宇开发公司股权整体划转集团公司。在今天钱江新城"二次创业"的关键时期,彻底理顺钱江新城管委会(钱江新城建设指挥部、杭州铁路及东站枢纽建设指挥部)与钱江新城投资集团公司之间的责、权、利关系至关重要,也迫在眉睫。鉴于"十三五"时期铁路建设对杭州城市发展的极端重要性,建议杭州市铁路投资集团公司从钱江新城投资集团公司整体划入杭州市交通投资集团,以便于与浙江省交通管理体制相对应,并加大全市铁路规划建设管理经营的统筹协调力度。

(八)建立科学的 CBD 指标评价体系

目前,杭州市尚未颁布专门针对 CBD 发展成熟度的评价指标体系。为了客观有效地评价 CBD 的发展状况,反映 CBD 总体的变化方向及变化程度,了解 CBD 的经济发展、社会发展、商务环境、辐射水平等在一段时间内的变动程度和趋势,分析 CBD 总体变化中各因素的影响方向与程度,建议杭州市尽快研究和编制针对 CBD 发展成熟度的评价指标体系,通过清单列项式获取 CBD 的功能优势和劣势,从而扬长补短,对症下药。

通过对国内外 CBD 评价体系的综合分析,本文提出,CBD 建设评价指标体系(Center Business District Index,CBDI)将包含区域经济运行评价指数、产业发展评价指数、政府绩效评价指数、企业效率评价指数、楼宇经济发展评价指数、基础设施建设评价指数和文化科技创新评价指数 7 个维度。指标具体内容如图 1 所示。

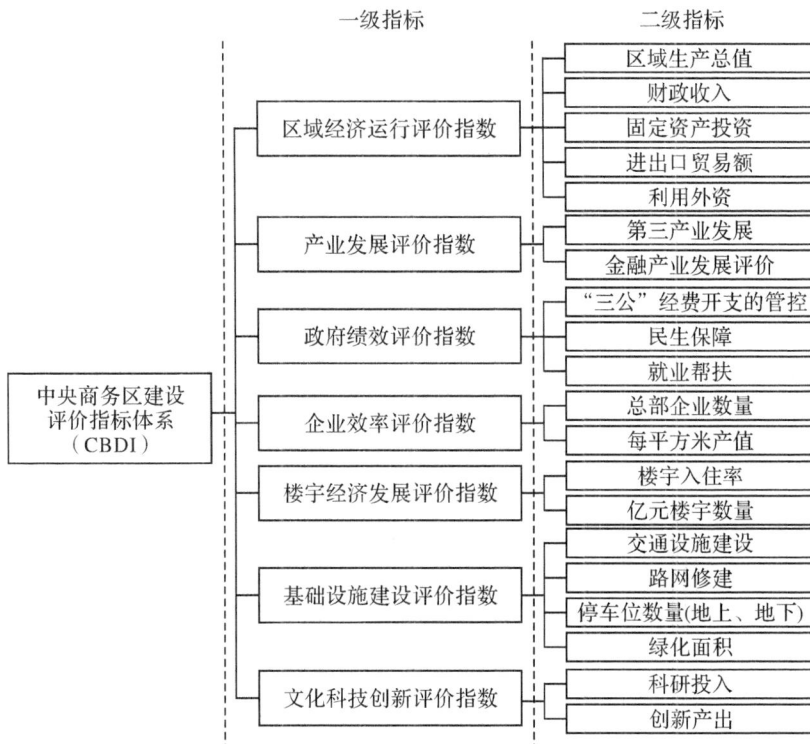

图 1　中央商务区建设评价指标体系（CBDI）

　　该指标体系仅供决策参考,具体指标项的设置尚需做专题研究,对于指标赋权,各级指标对上级指标的贡献权重由众多相关研究领域的专家打分确定。按照相关指标的标准化得分与指标权重相乘并加总,即可得到 CBDI。同时,指标体系的研究需要秉持客观、公正的原则以及可持续、包容性的理念,每年度要对相关评价指标的统计、数据来源及权重设置进行优化调整,保持评价结果的连续性、科学性和可比性。

（本文写于 2019 年）

高新区(滨江)全域国际化
总体规划设想

在杭州加快推进城市国际化和全面对外开放的战略背景下,依据《杭州市城市国际化促进条例》鼓励开展示范区探索实践的立法主旨,高新区(滨江)应进一步加快开放,促进发展,深化改革,激发活力,充分发挥"高"与"新"的作用,通过全区域、全领域国际化培育城市发展新动能,全力建设拥江发展示范区、新制造业示范区、数字经济最强区、营商环境最优区和城市品质新标杆,成为杭州城市国际化的样板城区。

一、重要意义

(一)全域国际化是以扩大开放培育发展新动能,是建设世界一流高科技园区的关键举措

高新区(滨江)科技创新优势突出,产业基础扎实,是全省数字经济强区。推进全域国际化,更好地发挥国家级高新开发区对外开放主战场的作用,有利于滨江在全球新一轮科技革命和产业变革中,进一步集聚国际高端科创资源要素,融入全球创新生态网络,打造世界级数字产业集群,加快数字经济与制造业融合发展,提升企业国际化水平和参与

全球竞争能力,建设世界一流高科技园区,成为杭州推进新时代高质量发展的"排头兵"。

(二)全域国际化是以国际标准提升发展品质,是营造国际一流营商环境的有效路径

滨江的快速发展得益于外部良好的营商环境。推进全域国际化,对标香港、北京、上海等先进城市,以国际最高标准为引领,优化营商软、硬件配套,有利于高新区(滨江)进一步破除制约其发展的体制机制障碍,持续深化制度创新,优化市场主体发展环境,激发社会活力和创造力,营造国际一流的营商环境,成为杭州市建设世界性营商环境样板城市的引领区。

(三)全域国际化是以跨域合作拓展发展空间,是贯彻长三角区域一体化发展国家战略的有力抓手

高新区(滨江)受土地指标、地域空间等资源要素的影响,其发展空间受到制约。推进全域国际化,加强跨域合作,提高开放协同及要素集聚辐射能力,有利于滨江通过区域间优势互补、合作共赢,突破自身资源要素瓶颈,在更大范围内促进要素高效流动,拓展发展空间,更好地服务和借力上海,成为杭州全市域全方位融入长三角并实现更高质量一体化发展的先行者。

(四)全域国际化是以亚运契机打造国际名片,是提升"国际滨"知名度、美誉度的重要行动

"办好一个会,提升一个城",2022年亚运会是杭州再次聚焦世界目光,彰显历史文化名城、创新活力之城和生态文明之都新魅力的重要舞台。高新区(滨江)作为亚运会主场,要以亚运会筹办为抓手,借势借力,补齐软、硬件短板,提高城市规划建设管理、公共服务配套的国际化水平,构建开放、包容、便利、绿色、智慧、人文的城市环境,进一步提升滨江国际知名度、美誉度,成为杭州展现独特韵味和别样精彩的世界名城——"国际魅力滨"。

二、发展基础与面临的挑战

经过 20 多年的高速发展,高新区(滨江)产业优势日益增强,创业创新要素加快集聚,产、城、人深度融合,民生福祉大幅改善,城市综合服务水平和治理能力显著提高,为推进全域国际化奠定了坚实的基础。

(一)发展基础

1.创新竞争力稳居全省、全国前列

高新区(滨江)在科学技术部公布的 2018 年国家高新区综合评价中位列第 3,仅次于北京中关村和深圳高新区,创新实力明显增强。目前,全区在册国家高新技术企业共 908 家,其中有 13 家入选 2019 年浙江省国家高新技术企业创新能力百强名单,占杭州市上榜企业总数的 1/3 以上。电子商务、数字安防、金融服务、通信设备、大数据等产业优势逐步显现,尤其在数字安防产业,涌现了海康威视、大华股份、宇视科技等国内龙头企业。在科技研发方面,高新区(滨江)研究与试验发展经费支出连续多年保持占生产总值 12% 左右的高水平投入,研发创新

成果显著,国家技术奖获奖数、标准制订数、每万人发明专利拥有量等指标,均位居全国、全省前列。创业创新生态体系不断优化,拥有市级以上众创空间42家,其中国家级12家、省级19家,拥有市级以上孵化器47家,其中省级以上22家,成功落地国家"芯火"双创基地、"高新区(滨江)联合创新中心"5G实验室等创新平台。截至2019年12月,全区累计培育上市公司49家,新三板挂牌企业106家,新增、累计、后备上市企业数量全省全市排名第1。

2.经济发展质效持续提升

近年来,高新区(滨江)经济发展质量效益不断提高。2018年,其地区生产总值达到1350亿元,同比增长11.6%,增速居省市前列;常住人口人均生产总值为363568元(按年平均汇率折算为54941美元),增长14.6%,高于中国香港。产业结构持续优化,集群效应日益凸显,实现了高端服务业、制造业高质量融合创新发展。区内高新技术产业、战略性新兴产业、装备制造业增长势头良好,数字经济(信息经济)核心优势尤为突出,2018年全区数字经济核心产业实现增加值1027.3亿元,增长10%,占全区生产总值76.1%。其中,通信设备、物联网、信息软件和电子商务产业的营业收入分别增长19%、20%、20%和22%,人工智能、集成电路设计、云计算、大数据等前沿技术领域布局加速。在对外贸易方面,高新技术产品出口表现亮眼,出口总额达242亿元,同比增长21.9%。

3.集聚国际要素能力显著提升

随着城区品质能级的提升,滨江国际要素集聚能力显著提升,先后吸引了惠普、博世、诺基亚、赛诺菲、AT&T等诸多世界500强投资项目落户。截至 2019 年 11 月底,滨江区新引进外商投资企业达 123 家,增资项目 65 个,投资总额 1000 万美元以上大项目 23 个,其中新引进世界 500 强德国戴姆勒、美国高通投资项目 2 个,有道信息技术等网络信息技术产业项目 63 个,德晋医疗等生命健康产业项目 17 个。越来越多的海归人才和外国友人选择在滨江工作、生活,目前区内集聚了海外高层次人才 8600 人、常住外国人口约 2500 人,滨江区成为在杭常住外国人最主要的集聚地之一。此外,滨江区还培育了阿里巴巴、海康威视、新华三等一大批国际化企业。这些国际化企业在全球更大范围内参与国际经济技术合作和竞争,已成为滨江特色的经济转型升级方式。

4.城市支撑功能显著增强

一批有重要影响的较大交通工程竣工投入使用。地铁 5 号、6 号、7 号线站点建设顺利推进,江虹路跨铁立交建成通车,江南大道快速路主体全线开工,完成新(改)建道路 12 条,道路交通体系更趋完善。奥体博览城主体育场单项工程完成验收,网球中心决赛馆主体工程完工,中国动漫博物馆、阿里二期、网易二期、海康三期等一批地标性重大项目建成,城市形象不断提升,城市环境变得更加优美宜人,冠山公园一期、白马湖公园二期、"最美跑道"二期建成开放。社会事业发展迈向新台阶,教育现代化发展水平指标居全省第五位,率先推行小学免费课后服务,青少年活动中心建成并投入使用。医疗保障服务水平提升,儿科医联体实现全覆盖,区域高水平医联体建设取得突破,高新区(滨江)老百姓在家门口就可享受到省、市优质医疗服务。

（二）面临挑战

当前滨江正从高新园区逐步向高质量城区蝶变,处于高位过坎、瓶颈突破的关键时期,既面临机遇,也存在严峻挑战,相对实现高质量可持续发展、建设国际化示范城区的要求,仍存在一定的差距。

1.经济社会发展要素制约凸显

土地要素方面,高新区(滨江)行政区划面积为 73 平方千米,仅为中关村科技园区面积的 31％、深圳高新区的 46％、上海张江高新区的 14％,陆域规划面积更是在全省 89 个县(市、区)中排名倒数第 3,土地资源短缺,发展用地空间受限。公共服务配套方面,滨江区青少年人口比重大,新增入学需求持续多年快速增长,学前教育、中小学学位紧张,尤其是优质教育资源缺口明显,文化、体育、婴幼儿托育、高品质人才公寓等配套设施建设不完善,国际化医疗资源和服务能力有待加强,重点企业、园区周边公共交通资源较少,尤其是夜间公共交通配备不足。原始创新能力方面,尽管滨江创新优势明显,但其原始创新领域仍相对欠缺,尤其是基础技术、关键技术、核心技术,甚至是卡脖子技术等方面有待突破,产学研协同创新链条、企业产业技术创新合作平台急需加强。城市软硬环境方面,滨江城市标志性建设项目较少,城市无障碍设施、慢行系统、国际语言环境等建设仍需进一步完善,沿江高品质亲水空间开发、钱塘江诗词之路文化带建设等虽效果初显,但与打造宜居宜业宜游的"国际魅力滨"目标仍有距离。

2.先行先试的政策红利弱化

高新区(滨江)虽是国家首批高新区,成功实现了高新区与行政区的整合优化,形成了制度叠加创新的复合优势,但随着各地产业、人才、资本、营商环境等政策不断推出,高新区(滨江)体制机制及政策先发优势正在逐渐减弱。如扩大开放方面,西安、成都、苏州等多地均设立自由贸易试验区,与原高新区政策进行叠加,进一步加快国际要素便捷高效流动,促进贸易投资便利化、自由化。如人才方面,滨江区2009年在全省最早出台了引进海外高端人才"5050计划",目前各地纷纷跟进,且部分地区引才力度已超过滨江。如产业扶持方面,余杭区出台《关于加快全域创新策源地建设 推动经济高质量可持续快发展的若干政策意见》,把原100个产业扶持类政策文件整合到1个"政策总纲"中,并将政策条目精简至66条,形成了覆盖创新空间、科技创新、产业发展、企业培育、对外开放、人才创新等六大领域的系统完整的政策体系。

3.周边城区竞争加剧

面对兄弟城区不断涌现的重大发展平台和重大创新项目,高新区(滨江)原有的竞争优势正被周边城区追赶,面临着激烈的区域竞争。作为浙江省打造长三角一体化开放新平台,钱塘新区将定位于展示我国高端制造业发展水平的重要窗口,致力于打造高能级城市新样板。萧山世纪新城是钱塘江南岸的重要发展极,与对岸钱江新城遥相呼应,构成杭州新城的新地标和新市中心。余杭高标准建设未来科技城,打造全国"双创"示范区,努力建成全球数字经济科创中心,成为展示我国未来科技创新的重要窗口;同时大力推广良渚影响力,全力塑造中华文化"朝圣地"。西湖之江板块的浙江科创文化高地正逐渐崛起。上城区抢抓杭港高端服务业合作的发展新机遇,规划建设杭港高端服务业合作示范区,形成新时代新上城的再生蝶变。从倒逼机制看,能否抓住机遇,再造创新引领发展新优势,是滨江能否突围的根本所在和全部要义。

三、总体要求、基本原则和发展定位

(一)总体要求

全面贯彻党的十九大及四次全会和省委十四届六次全会、市委十二届八次全会、区委五届七次全会精神,以《长江三角洲区域一体化发展规划纲要》、浙江省"八八战略"和杭州市城市国际化战略为指引,坚持全球视野、国家战略、全市引领、实干高效,坚持高起点规划、高视野设计、高标准建设、高水平管理,坚持城市国际化引领区域全面发展,打造制造业高质量发展示范区和具有世界影响力的制造业强区,全力将滨江建设成为杭州国际大都市样板城区。

(二)基本原则

——立足滨江,放眼世界。以国内外先进城市和城区为标杆,立足新时代发展背景,立足自身优势和特色,坚持高端化、特色化的发展路径,以国际化助推全域城市化,建设世界一流的高科技园区。

——厚植底蕴,彰显特色。按照《杭州城市国际化促进条例》的要求,进一步培育滨江在制度创新、数字经济、拥江发展等方面的优势,充分彰显滨江创新活力和高品位生活的国际特质。

——目标导向,示范引领。围绕拥江发展示范区、数字经济引领区、创新发展新高地、城市品质新标杆等发展目标,聚焦一批国际化示范项目,引领全域国际化。

——标准先行,共建共享。总结滨江推进全域城市化、全域景区化的成熟做法,借鉴国内外城市推进国际化的有益经验,开拓创新,形成国际化重点领域的工作标准和国际化城区的建设标准。同时,强化政府引领作用,发挥企业组织、社会组织、专家学者及基层民众主体推动作用,形成共商、共建、共享杭州国际化大都市标杆城区的强大合力和浓厚氛围。

(三)发展定位

深入贯彻国家长三角一体化发展战略、浙江省委"两个高水平"建设和杭州市委城市国际化战略等部署,紧紧把握新一轮国土空间总规编制有利契机和举办亚运会等重大赛事机遇,用好、用足高新区先行先试的优势和改革创新的活力,充分发挥数字经济产业链条相对完整、产业政策体系比较成熟等先发优势,全面加快产、城、人融合发展,进一步增强资源吸附能力,坚定推进"拥江发展示范区、新制造业示范区、数字经济最强区、营商环境最优区、城市品质新标杆"建设,把滨江区打造成为世界一流高新科技园区和具有独特韵味、别样精彩的世界名城的样板城区。

——拥江发展示范区。依据拥江发展主战场定位,形成多中心、网络化、结构化均衡格局,实现对沿江同类开发区和新城的实质性整合或跨区域托管,继续在全市、全省新时代发展中发挥领跑、示范、带动、辐射的作用,成为杭州在全国乃至全球展示新时代的窗口。

——新制造业示范区。依托数字经济最强区的发展优势,持续攻关产业链关键核心技术协同创新,巩固壮大数字安防、信息软件、通信设备等优势产业集群,重点提升集成电路、智能制造、生物医药等新制造业产业集群,打造以技术创新、软硬件结合的新制造业新优势,赋能服务全省制造业高质量发展,全力打造杭州市"新制造业计划"示范区。

——数字经济最强区。依据数字经济领先的产业优势,形成具有全球影响力的"互联网+"创新创业高地、全球科创网络重要节点,充分彰显科技新城首位度,有效集聚文化创意产业,建成数字经济理念和技术策源地、企业和人才集聚地、数字产业化发展引领地、产业数字化变革示范地、城市数字治理方案输出地,成为全国数字经济发展最强区、具有全球影响力的数字技术科创高地。

——营商环境最优区。按照世界银行营商环境样本城市评价指标体系的要求,全面推进国际一流的营商创新环境、国际一流的政务服务环境建设。完善涉外事务管理负面清单制度,建立符合国际规则和国际惯例的公共服务体系,建设杭州营商环境最优区。

——城市品质新标杆。按照打造"东方品质之城"的要求,建成山水格局和特色要素更加凸显,区域生态环境更加优美,街道社区更加靓丽,生活品质更加优良,体现世界一流生活品质的高新技术科技园区。

四、主要任务

围绕打造"一个样板"的战略目标和"四区一标杆"的发展目标,把握以全域国际化为前提、以产业与人才国际化为基础、以人文特色化为根本的工作思路,把培养和引进高端人才作为实施国际化的首要任务,把高新技术研发作为政策支持最关键的着力点,把创新型企业作为持续关注支持最重要的对象,把推进高新技术产业化作为高新区最重要的使命,把体制机制创新作为创造新优势最重要的法宝,把产、城、人深度融合作为城市建设最基本的原则,构建适应高新技术产业快速发展的创新创业生态系统。为此,全力实施十大工程:

(一)拥江发展示范工程

积极参与"一带一路"建设和长三角一体化发展,抢抓杭州拥江发展战略机遇,促进全区空间布局一体化,打造城市紧凑、乡村疏朗的新型城镇化格局,引领国际化大都市发展方向。一是打造滨水区域城市景观。引导本区西北面江岸建筑高度布局,优化天际轮廓线,美化滨江建筑立面,从结构、形态、风貌、底蕴、色彩、夜景等多角度提升城市设计水平,丰富沿江城市景观层次,提升滨水生态景观和城镇天际线景观,打造以现代城市界面景观为特色的世界一流滨水区域。二是完善公共空间服务设施。进一步完善公共服务设施建设标准,优化设施布点,合理配置总量,推进滨江绿地、广场建设,为市民提供运动、休闲、观景、亲水等活动场所,提供人性化服务,增强滨江公共空间的活力。依托滨江绿地和公共空间,打造具有休闲、观光、健身等服务功能的绿道系统,提升滨江慢性空间品质。三是科学规划城市空间体系。形成多中心、网络化、结构化的均衡格局,推动特别合作区建设,加快建设物联网小镇、互联网小镇、创意小镇、智造供给小镇、金融科技小镇和智慧医健小镇 6 个特色小镇,全面提升白马湖生态创意城、物联网产业园、互联网产业园、智慧新天地、奥体博览城五大平台建设,加快建设一批具有综合影响力和辐射带动力的数字经济特色小镇、小微园区、双创示范基地、开放式创业街区、高端众创空间,以美丽乡村、风情小镇、精品村落为载体形成特色鲜明、生态优美、文化深厚的乡村风情带和精品旅游区块。

(二)新制造业扶持工程

围绕"一带一路"枢纽建设,按照建设世界一流高科技园区的要求,与国际领先的高科技园区建立中外合作园,在制度创新方面引领全国高新区发展,为滨江高质量可持续发展续航。

一是做强科技创新孵化器。不断提升高新区大孵化器的理念,优化孵化体系,不断聚焦细分领域,拓展国际孵化,不断培育孵化主体,努力孕育可能爆发的新生力量,重点引进海外孵化机构、研发机构、运营机构等创新资源,重点招引硅谷、中关村、深圳和张江等园区的知名风投机构,构筑更加开放的创新资本市场。截至 2025 年,力争新增市级以上孵化器、众创空间 100 个(其中国际孵化器 10 个),在孵企业 10000 家。

二是壮大优势产业。在数字安防产业优势的基础上,打造具有全球影响力的人工智能产业中心;加快推动网络通信设备产业发展,在5G、智能制造等领域推出一批高端产品;大力发展集成电路产业,不断扩大集成电路设计和装备产业的规模;打造全国自主可控网络安全产业和数据安全服务产业中心。到2025年,争创物联网、人工智能等2个千亿级主导产业集群,通信设备、智能制造、生命健康、新能源产业等4个500亿级产业集群,以及集成电路、节能环保等5个以上百亿级产业集群。

三是打造一批全国特色智造小镇。加快建设滨江智造供给小镇,建设具有全国影响力的工厂物联网、工业互联网供应商集聚中心。推进建设滨江物联网小镇,打造智慧安防产业引领区。抓紧建设滨江智慧医健小镇,加快发展可穿戴检测设备、治疗装备等智慧健康装备业。积极谋划布局建设人工智能小镇。推动网络信息技术与金融深度融合,高水平建设金融科技小镇,打造全国金融科技第一镇。

四是加快特别合作区建设。加快推进建设杭州高新区(滨江)富阳特别合作区,探索完善体制机制,落实"富阳区交净地、滨江区做产业"的运营模式,探索推广生产组织方式和合作模式创新,合力打造区域合作发展示范区、自主创新拓展区、新制造业先行区。紧盯相关制造产业核心环节,鼓励区内具有核心技术的制造业企业跨区域布局产业,全面实施国际化示范新区建设标准,成为杭州在全国、全球的新形象和新窗口,打造数字经济与新制造业融合发展先行区。

五是加强工业园区提升改造。推动小微园区升级,鼓励园区参评市级以上小微企业创业创新基地和科技企业孵化器。推进街道传统工业园区整体提升改造,结合"低小散"整治和传统制造业改造提升,推动街道传统工业园区的升级改造,通过统一定位、整体规划、分步实施,进一步扩大空间、提升效益和形象,为区内龙头企业的核心制造环节提供空间,实现智能制造与先进制造企业的定向招引和精准服务。

六是积极加入国际科技园协会组织,打造国际金融科技中心。在数字经济产业链优势的基础上,逐步形成更为深入的技术突破和更为丰富的应用场景,为数字经济关键核心技术驱动新制造业高质量发展提供充足的拓展空间。

(三)数字经济引领工程

深入实施《关于建设国家自主创新示范区核心区打造世界一流高科技园区的若干意见》,完善国际创新要素对接平台,加强"数字产业化、产业数字化、城市数字化"三化融合,抢占云计算、大数据、人工智能等前沿技术产业化先机,巩固网络信息技术产业发展优势,建设全球创新网络重要节点,聚焦集成电路设计产业、数字经济等重点领域核心技术,成为全国数字经济发展最强区。

一是加快重大科创平台建设。立足国产自主可控,深化战略合作,聚焦以新一代信息技术为支撑的数字经济和新兴产业的"卡脖子"技术;在"城市大脑"、人工智能芯片、新型数据库、智联网、智能驾驶、区块链、量子计算等领域打造一批具有全球影响力的理论成果和创新成果。

二是壮大数字优势产业。抢抓部省市合作共建国际级软件名城机遇,推动电子商务、云计算大数据、物联网、人工智能等优势产业提升发展。推动各类基于物联网的集成创新和应用服务,打造世界级数字安防产业集群和工业互联网产业集群。着力突破人工智能关键核心软硬件技术,支持阿里云"城市大脑"、海康威视等各类人工智能开放平台建设和应用,打造具有全球影响力的人工智能产业中心。

三是谋划未来数字产业。推动量子通信、量子计算、量子传感等核心技术研发和试验验证,加快量子通信沪杭甬干线在金融、政务、商务等领域的试点应用,推动虚拟现实核心软硬件产品的研发及产业化,加快内容制造和分发平台培育,大力推进在动漫游戏、影视娱乐、协同设计等领域的广泛应用。

四是扶持创新主体发展。深入实施领军企业发展意见、《关于支持瞪羚企业加快发展的实施意见》等鼓励政策,按照杭州市创新国际化示范项目的标准和要求,建设一批国际化创新示范项目。

(四)创意产业提升工程

实施扶持文化创意产业发展的支持意见,促进文化和科技、文化和互联网深度融合。

一是支持文创企业主体发展。对动漫游戏、设计服务、现代传媒、文化会展类的文化创意企业以及其他属于互联网平台型、科技创新型或创投机构参与投资的文化创意企业,给予房租补贴、研发补助、贷款贴息、参展补助、播出补助、销售补助等政策扶持。

二是鼓励文创平台建设。积极打造白马湖生态创意城,支持建设网络作家村,支持创办文创特色园区(楼宇),将白马湖生态创意城打造成杭州重要的国际会议展览中心,创建国家级文化产业示范园区。

三是大力发展数字文创产业。深化数字出版、数字娱乐、数字文化和科技创新融合,重点鼓励、扶持动漫游戏、设计服务、现代传媒、数字内容、网络文学、影视产业、文化会展等文化创意企业的发展,打造全球数字内容产业中心。

四是鼓励文创品牌打造。支持打造文创精品佳作,推广文创品牌活动,鼓励名家大师落户,当好中国国际动漫节、杭州文博会的东道主,对文创精品佳作和文化出口重点企业给予奖励。

五是建设国际文化创意中心。鼓励风险资本投资文化创意产业,全面提升文创产业国际竞争力,建设国际文化创意中心。

(五)会展赛事培育工程

以落实好《2022年杭州"亚运争光"保障计划》为契机,做大、做强滨江会展赛事产业。

一是打造重大会展载体。增强国际会展引进、承办、配套服务能力,提升白马湖国际会展中心综合服务水平,以白马湖、奥体城为南北载体发展国际高端会展场馆,提高承办国际重大会展活动综合服务能力。

二是积极承接和谋划一批具有国内外巨大影响力的高端会议活动。高水平办好中国国际动漫节、杭州文化创意产业博览会等,鼓励承接和谋划高水平国际会议,针对不同情况给予场租费补贴。

三是引进一批国际知名的会展项目和会展服务机构,提升"国际滨"的全球知名度。

(六)综合交通优化工程

充分发挥滨江作为主城区南北大动脉的交通节点的优势,完善城市公共交通体系,优化城市南北通江交通重要节点功能,提升城市综合交通服务能力和水平。

一是加密城市过江通道。完成望江路隧道、奥博隧道建设,实现跨江通道便捷通畅。

二是完善公共交通服务。完善公共公交枢纽建设和线网布设,消除交通"断点"和"盲点",提高水域陆路联运的衔接耦合性,提升地面交通的通达性、便捷性。

三是构建全域闭合的慢行交通绿波。依托滨江绿地和公共空间,完善沿江、沿河、沿湖等区域人行道、自行车道等设施,将最美跑道延伸至全区,建设全区域、全覆盖的发达慢行交通系统,构建集休闲、观光、健身等功能于一体的慢行交通网络系统。

(七)城市生活美好工程

深入实施全域景区化改革方案,坚持高起点规划、高品位设计、高标准建设、高水平管理。

一是统筹推进城市公园建设。合理优化生态公园布局,完善城市绿带块绿廊网络。

二是推进城市河道美化工程。实施精准管理,因地制宜地推行"河＋塘＋公园"的建设模式,有机结合城市公园,灵活设计色彩多样、绿道成网的河道岸线,体现出自然美,努力让游客可进入、可体验、有收获,同时推进西兴后河整治、陆家潭河绿化带及河道(新浦路—新浦河)改善的工作。

三是打造城市道路亮丽"风景线"。着力塑造道路景观,努力形成"一路一景,路路不重色",建成一座四季流动的"彩色绿化之城",完成江南大道(西兴立交—中兴立交)、浦沿路的改造提升工程。

四是改善历史街区风貌。利用历史建筑规划建设历史公园,利用丰富的文化遗存延续滨江历史的记忆,保护并利用襄七房历史建筑群落,综合整治西兴街道小城镇环境。

五是推进楼体靓化工程。对早期的小区楼体建筑和沿江沿河的楼宇外体开展靓化行动,将其美化起来。

六是提升教育医疗等民生项目的国际化水平。积极引进海外优质教育、医疗机构,合作办学、办医,统筹规划打造一批国际学校、国际医院、国际街区和国际人才社区,推进外籍人员子女学校规划建设,大力发展国际教育,引进国外知名教育机构来杭参与办学。推进医疗卫生领域的国际合作,建立与国际接轨的远程会诊系统,完善国际医疗服务结算体系。

七是提高市民素质和城市文明程度。培育开放包容、多元共融的城市文化,建设具有国际水平的公共文化空间与设施,深入开展文明出行、文明行为、文明服务、文明社区等系列文明行动,打响"国际滨"品牌。

(八)国际人才集聚工程

一是整合优化扶持政策,加大扶持力度。统筹产业、科技、人才、招商等市级财政资金,优化各项人才发展专项资金,加大对数字经济关键领域、重点平台、重大项目以及各类试点示范区的扶持力度,按照市场化运作方式,与社会资本合作设立相关投资子基金。

二是建设一批兼具生活与创业工作的国际人才公社。推进国际人才社区、人才公寓和专家楼升级,引导开发面向海外各类人才的多层次房源,建设供海外高层次人才拎包入住的国际公寓。

三是构建更优的人才生态体系。全面集成"人才引进＋创新＋创业＋生活"一揽子人才政策,对区内高新技术企业和重点企业的人才骨干给予住房、交通、教育等补助,鼓励大学生创新创业并提供创业支持,打造人才生态最优区。对制造业瞪羚企业高层管理人员(副总及以上)、技术团队核心专家且对企业有较大贡献或产值贡献的人才子女就学给予重点保障;符合浙江省引进人才居住证条件的员工子女入学条件等同于拥有杭州户籍的孩子。支持符合条件的制造业企业利用自有存量工业用地,按照不超过总用地面积7%、总建筑面积15%的标准建设职工租赁房;对于年度缴纳税金额在5亿元(含)以上的先进制造业企业,原则上允许自建人才租赁房;积极探索政府(管委会)指定机构或国有独资(控股)公司在园区范围内利用工业用地集中建设职工租赁房。

(九)城市治理现代化工程

一是打造"城市大脑"2.0版助推城市治理。以"城市大脑"优化升级为抓手,统筹推进城市数字化治理,将"城市大脑"打造成为深度链接和支撑数字经济、数字社会、数字政府协同联动发展的城市数字化治理综合基础设施。

二是提炼智慧城市的评价体系。制定教育国际化、医疗国际化、养老服务国际化等标准体系,全面实施国际化示范新区建设标准。

三是赴港展示杭州智慧城市和城市大脑滨江示范形象。积极参与杭州赴港展示杭州智慧城市和城市大脑杭州示范形象活动,把香港作为展示滨江智慧城市和城市大脑建设成就、拓展数字经济市场的重大平台。

四是提炼高质量可持续发展的滨江经验和指标。探索科技园区高质量可持续发展的制度创新路径,以及向一级行政区转型的一般经验和条件,形成国际环境、国际街区、国际医院、国际学校等全域国际化重点领域建设标准。

(十)营商环境窗口工程

落实与建设国际一流营商环境相关的实施方案。深化"最多跑一次"改革,大力优化商务、政务和服务环境,营造开放、透明的国际营商环境,率先加快"网上办、零见面"改革步伐,成为杭州展示国际化大都市最好营商环境的窗口,争创全国民营经济高质量发展示范区。

一是强化知识产权保护和诚信体系建设。加快启动建设中国(浙江)知识产权保护中心滨江分中心,加大知识产权保护力度,完善知识产权海外维权援助机制,营造与国际接轨的综合商务成本最低的产业发展环境。

二是推进涉外服务"最多跑一次"改革。以最大限度方便在杭外籍人士的生活和工作为出发点,以其最关心的问题为导向,积极争取国家、浙江省的改革试点,推进在杭外籍人士服务"最多跑一次"改革,成立第三方支付平台以解决外籍人士无法实现移动支付的难题,制定优惠政策来减轻一般外籍人士子女的就学负担,加快商事登记领域和投资项目领域的改革。

三是谋划在杭设立以解决电子贸易争端为特色的"一带一路"国际争端解决机构,引进并集聚一批有影响力的科技中介服务机构。

五、保障措施

(一)创新驱动

一是积极争取制度创新。发挥国家级高新技术产业开发区、国家自主创新示范区核心区的体制机制和先行先试等多重优势。调整优化土地空间布局,探索节约、集约用地的工业综合体开发模式,创新城市工业发展模式。深化科技金融服务体系创新改革,探索产业基金新办法,尝试设立国家级创业投资综合改革试验区。推动知识产权综合管理创新改革,解决好知识产权创造、保护和运用的问题。推进政府专业聘用人员人事制度创新,打造年轻创新干部队伍。

二是大力扶持产业创新。高新区(滨江)以产业国际化带动人才国际化,再由人才国际化走向全域城市国际化。继续发展以科技创新为特征的智造产业,进一步加大研究与开发投入,大力推进实验室和技术研究中心建设,使创新综合资金投入达到一定标准,从而提高科技进步贡献率。大力推进技术型园区(特色小镇)建设,推进孵化器和科技成果转化服务平台建设,大力推进集聚型产业化基地建设、注重产业集聚和创新成果转化相结合。

(二)标准引领

一是标准的利用与总结。杭州市目前已研究出台"国际社区""国际街区"的地方标准,并将其作为相关领域城市国际化建设的指导性文件。城市国际化工作具有很强的探索性,需要在实践过程中不断总结经验,提炼出更符合滨江实际情况的标准与流程,并形成可以推广的"滨江经验",从而巩固"国际滨"的品牌地位。

二是制定阶段性的工作计划。进一步深化研究,结合滨江实际情况和区域特色,制定中短期工作任务和推进计划。特别是注重工作的落地性,由发展规划指导产业规划和土地规划。短期工作计划可着重在硬件上下功夫,例如加强公共空间设施的国际化建设与改造,中期则要注重居民的公共意识、国际化素养的培育。

(三)人才储备

一是组建专家团队。在完善全域城市国际化专职组织机构和明确区级首长责任制的前提下,同步组建全域城市国际化专家顾问团,以便更好地辅助全域城市国际化战略的进行与具体工作的开展。

二是扩大人才政策覆盖面。杭州市级近年来出台了许多针对高层次的人才便利(优惠)政策,力度不可谓不大。滨江作为一个高新区,人才工作更是重中之重。在走访、调研高新企业的过程中,企业普遍提出市级人才政策覆盖面有限,在人群年轻化、充满活力的滨江更需要的是为初入职场的年轻人立足滨江、扎根滨江提供便利。例如:鼓励企业自建更加普惠的人才公寓和幼托机构是切实解决年轻人痛点的关键所在。

三是大力推动人才引进与培养。首先,需要大力引进国际化的人才。在充分调研滨江区国际化人才需求结构的基础上,因需施策,招引人才;积极建设创新平台以集聚人才,为各层次人才提供更多、更优的发展机会;积极推进高层次人才特别是高端服务业人才的引进。其次,逐步培养本土的城市国际化人才,可在适应国际化需求的法律、商务谈判、财经等服务业上着力培育人才。再次,政府搭建交流平台,分期、分批选派政府及企业的优秀业务骨干赴海外学习、培训,使滨江在社会治理、文化建设、企业运营等各个层面都拥有国际化的视野和心态,促进滨江全域国际化。

(四)常态运作

一是提升公共服务水平。鼓励企业以数字化、网络化、智能化改造为主线实施重大技术改造,对实际完成投资额在 1000 万元以上的技术改造项目给予补助。以居民生活活动空间规律和居民需求为核心,完善城市社区公共服务设施和促进夜间经济活跃的相关公共配套设施,建设符合国际规则和国际惯例的公共服务体系。

二是营造平等包容的氛围。在舆论宣传上,要传播不同文明、不同文化和不同生活方式共存、共生的理念,为社会搭建一个不同文化背景下人口和谐共存的基本价值基础,倡导对不同身份的"外人"一视同仁的社会伦理——不管是外来打工者、新移民还是外籍人士,既不能贬低歧视,也不必献媚优待,目标就是让任何人在滨江都能过一种自然而然的正常的生活,而不是人为的、做作的所谓"待遇"的生活。

三是推进国际交流日常化。注重日常生活的国际化和国际活动的日常化。首先,以最便捷的方式为"外人"提供关于本地的生活信息,使其在最短时间内熟悉本地。其次,经常性地举办或承办一些具有国际背景的活动,但要顺其自然、注重实效,不仅包括各种商务类活动,而且包括国际化的文体、娱乐活动,如艺术展、书画展、学术研讨会等。这类活动可以随时举办,不必耗资巨大,成为人们日常生活的一部分——既是外来参加者的日常活动,也是本市人的日常活动,这是城市国际化的最理想状态。

(五)要素保障

一是强化土地要素保障。推进空间布局和发展模式创新改革,扩大产业用地规模,加快工业用地供地节奏,优先保障区内优质企业的产业发展空间,让优质企业扎根滨江。支持企业"零土地"技术改造。在符合城乡规划和相关技术规范、不改变用途的前提下,工业用地容积率宜高则高,绿地率按区域统筹平衡;若现有工业用地(不含创新性产业用地)提高土地利用率和增加容积率的,不再对其增收土地价款。以新的理念推进"退二优二"①工作,拓展用地立体空间,鼓励有条件的制造业向空中、地下发展。不断推进城市有机更新,在杭州高新区(滨江)整合 3000 亩,为杭州高新区(滨江)富阳特别合作区提供 3000 亩,合计不少于 6000 亩产业用地,为制造业企业发展预留空间。

二是落实制造业专项产业政策。落实减税降费各项政策。落实《关于实施"新制造业计划"推进高质量发展的若干意见》相关政策。启动区级贯彻执行配套政策新一轮的调整工作,加大政策体系对制造业的支持力度,对重大引领性项目给予重点扶持。针对智造供给、集成电路、5G 等产业出台专项政策,加大支持力度。

---

① "退二优二"是指引导低效工业企业加快转型或主动退出,引进优势企业实施先进制造业项目,推进工业经济高质量发展。

(六)营造氛围

一是优化完善企业服务机制。研究出台《关于进一步优化企业服务的工作方案》,完善服务企业的体制机制,发挥经济部门的专业优势和平台街道的覆盖优势,用好经济数据服务平台,提升企业服务精准性,增强企业"满意度""获得感"。

二是开展评选激励。培育一批行业细分领域的"单项冠军"和"隐形冠军",对国家级制造业"单项冠军"示范企业、省级制造业"隐形冠军"企业分别给予 200 万元、100 万元的奖励。推进先进企业、优秀企业家、突出贡献企业家、年度纳税百强工业企业、"杭州工匠"等评选激励工作。加强舆论引导,大力宣传制造业企业的先进范例和突出贡献,以及各项行动举措,凝聚合力、推动发展。

三是支持首台(套)示范应用。坚持滨江设计、滨江制造、滨江建设、滨江运维的"4 个滨江"理念,为区内制造业企业提供更多试点示范场景,鼓励产业带动作用明显的新技术、新产品、新业态、新模式示范项目在区内落地。支持首台(套)产品应用,支持区内企业应用区内集成电路企业的自主芯片开展研发和规模应用,支持区内企业应用区内企业工位机、工业计算机、工业控制器等应用模块。发挥政府采购政策的引导作用,政府相关采购主体采购与首台(套)产品相同品目或者品类的产品,且该产品使用了不可替代的专利、专有技术的,可以采用单一来源采购方式。

(本文写于 2019 年)

余杭区未来社区建设思路

2018 年 11 月 7 日,习近平总书记在上海考察时强调,要加快建设现代化经济体系,打好三大攻坚战,加快提升城市能级和核心竞争力,更好地为全国改革发展大局服务。浙江省未来社区建设既是民生工程,也是产业创新工程。未来社区概念的提出,就是为了贯彻落实习近平总书记关于绿色发展的要求,有效提升城市能级和核心竞争力,肩负起浙江省"干在实处永无止境,走在前列要谋新篇,勇立潮头方显担当"的新使命。

一、浙江省未来社区试点的工作开展情况

(一)浙江省未来社区概念的提出及意义

2019 年浙江省政府工作报告提出,要全面开展"四大"建设年活动,启动实施数字湾区、"万亩千亿"新产业平台、未来社区等标志性项目。2019 年 3 月 20 日,浙江省政府印发《浙江省未来社区建设试点工作方案》(下文简称《工作方案》)。3 月 21 日,浙江省发改委印发《关于开展浙江省未来社区建设试点申报工作的通知》,标志着浙江省未来社区概

念正式形成并提出,未来社区试点建设工作正式开始。

未来社区建设有以下几方面的意义。

1. 有利于全省新时期大民生改善

未来社区通过植入新教育、新医疗、新交通、新能源、新物流、新零售等综合配套设施和服务,将有效改善全省居民的生活环境,如有效破解老旧小区停车难、电梯缺乏、设施管网老化等"老大难"问题,消除安全隐患问题,从根本上提升居民的生活品质。

2. 有利于驱动全省新形势下大投资

未来社区建设将拉动社区本体及衍生领域数万亿量级的有效投资。同时,通过引入社会资本,进一步深化项目"放、管、服"和"最多跑一次"改革,将有效激活民间投资,激发国内、外各类资本活力。

3. 有利于带动全省当前阶段大产业发展

未来社区将数字智能、节能环保、绿色装配式建筑等一大批新技术应用于关联产业发展,拉动一批重大产业项目和产业链发展,形成若干个关联产业"万亩千亿"大平台,并在全国市场输出关键产品,抢占发展先机。

4. 有利于促进全省新时期大转型

未来社区以居民需求为导向,提供一系列高性价比的综合配套服务,推动城市发展向长周期运营城市转型;依托云端"城市大脑",推进"社区平台中脑""居民终端小脑"关联衔接,实现社区数据化、智能化管理服务,推动社区管理向智慧型转型;通过社区资源配置的集约、共享,鼓励绿色能源、绿色材料和资源循环利用,促进生活方式向绿色共享转型。

(二)浙江省未来社区的主要内涵

《工作方案》对未来社区的基本内容和内涵做出了全面且精确的定义,即"139"的顶层设计。

1."1"是一个中心

一个中心,即以人民的美好生活向往为中心,引领高品质生活方式革新,实现美好生活零距离,主要体现在 3 个方面。

第一,未来社区是城市现代化的"浙江追求"。2019 年,时任浙江省省长袁家军指出,要将未来社区作为浙江省"两个高水平"建设现代化平台来打造,要以人为核心,以高品质生活为主轴,推动人的全面发展和社会的全面进步。它是浙江省城市化高质量发展的新产品、新业态、新模式、新技术的集合,是符合新时代"城市与人"关系的新路径。

第二,未来社区是老旧小区改造有机更新的"浙江设计"。2019 年,国家相关部委联合印发了《关于做好 2019 年老旧小区改造工作的通知》。全国各地涌现出了一批各具特色的改造模式创新。浙江省牢牢地把握城市更新总体趋势,总结各地经验,提出将未来社区建设的高标准、系统化的工作要求,注入老旧小区改造中,打造具有归属感、舒适度和前瞻性的人民社区。

第三,未来社区是城市去房地产化的"浙江实践"。未来社区坚持"房住不炒"的定位,实施限价出售或出租,减少地方政府的土地财政依赖。坚持政府引导、市场运营、居民参与的多元主体开发模式,参照"标准地"做法,实行带社区营造方案的土地出让,以"造社区"代替"造楼盘"的现有模式,加强社区的全生命周期运营的可持续性。

2."3"是三维价值坐标

三维价值坐标,即人本化、生态化、数字化。

人本化重在构建人与人的和谐关系,将社区搭建成人与人交流的载体,协调处理不同地区、不同年龄、不同身份、不同职业的人之间的关系。通过社区精神的建设来促进社会和人的共同发展,最终提高到人对社区规则的制定和对社会治理的参与,建立共享、共治、共赢的基层自治文化。

生态化重在构建人与自然的和谐关系,包括良好的社区设施与服务、宜居的社区景观等,营造出绿色的生活方式,倒逼社会经济方式向绿色转型。

数字化重在构建人与科技的和谐关系,打造未来社区数字化智能服务平台。随着硬件技术的提高,以万物互联为基础,建设现实与数字的孪生社区,实现社区服务与管理能力的跨越式发展。

3."9"是九大未来场景

九大未来场景,即未来邻里场景、未来教育场景、未来健康场景、未来创业场景、未来建筑场景、未来交通场景、未来低碳场景、未来服务场景、未来治理场景。

未来邻里场景旨在破解当前重房地产、轻人文建设,邻里关系淡漠,缺少社区文化交流平台的痛点,以信用评价机制建设为基础,发挥不同居民群体的优势,营造诚信守约、共享互助的氛围。

　　未来教育场景旨在破解当前托育难、课外教育渠道单一等痛点,以发挥社区教育的补位作用为基础,激活社区孵化、整合、传递、运作教育资源的功能,使未来社区成为知识流动、技能共享的终身学习平台。

　　未来健康场景旨在破解当前社区医疗"看得起"却"看不好"、养老设施与服务缺失、健康多元化需求难以满足的痛点,以全民康养为目标,逐步形成集健身、保健管理、理疗、居家养老于一体的健康服务,并成为"互联网＋"医疗服务的有效终端,促进优质医疗资源普惠化。

　　未来创业场景旨在破解职、住不平衡,早晚高峰潮汐式拥堵的痛点,以共享经济为依托,配置书吧、健身房、办公场所等共享空间,形成供需零距离对接场景,促进资源、知识、技能在社区内的共享,鼓励社区人群全龄、全时、全景创业。

　　未来建筑场景旨在破解现存土地集约利用效率低,建筑品质不高、公共场所与开放空间不足的痛点,以 TOD 开发模式为导向,探索容积率和空间组合模式的弹性机制,创新空间集约利用和功能集成,打造智慧化的家居系统和兼具艺术感与实用性的建筑。

　　未来交通场景旨在破解当前小区停车难、物流配送服务不完善、公共交通出行不便等痛点,以打造"5、10、30 分钟出行圈"为目标,同时前瞻性地为未来交通技术的实现预留空间,实现便捷、高效、绿色出行。

　　未来低碳场景旨在破解当前家庭能源供给方式单一、粗放、效率不高的痛点,聚焦多能集成、节约高效、供需协同、互利共赢,构建"循环无废"的能源循环利用网络。

　　未来服务场景旨在破解当前老旧小区物业服务不足,收费与服务品质不匹配,便民服务设施覆盖不全的痛点,以合理确定物业可经营房屋等资源为依托,减少物业服务成本、统筹收支平衡,围绕社区居民24小时生活需求,利用智能家居应用互联技术,实现优势生活零距离。

未来治理场景旨在破解社区居委会、业委会、物业公司三方矛盾突出,社区治理成效不高的痛点,促进社区内党员嵌入基层治理实践,完善基层自治模式和民意沟通交流渠道,激发多元主体广泛参与社区治理并去行政化,夯实基层自治和社区服务的现代化治理体系基石。

(三)浙江省未来社区的试点工作部署

《浙江省未来社区建设试点工作方案》提出,未来社区建设工作要试点先行,逐步推开并最终实现全覆盖。为确保试点工作顺利开展,该方案对试点项目也提出了具体目标和要求。

1.试点工作目标

浙江省未来社区试点工作围绕"三年成品牌"的总要求,坚持"大胆探索、系统供给、适度留白、反复迭代、稳步推进"的试点方针,高质、高效地推进。

到2019年底,培育建设20个左右省级试点,建设未来社区规划展示馆和未来社区数字展示馆。

到2021年底,进一步突出高标准创建,培育建设省级试点100个左右,建立未来社区建设运营的标准体系,促进现实和数字孪生社区建设运营理念落地,探索形成可复制、可推广的经验做法。

2022年开始,全面复制推广,有力支撑大湾区、大花园、大通道、大都市区建设,使未来社区成为浙江省推动高质量发展、创造高品质生活新"金名片"。

2.项目具体要求

——基础条件。服务5—10分钟生活圈,规划单元50万—100万平方米;实施单元不低于20万平方米。其中,改造更新类以20世纪70—90年代老旧小区为主体,鼓励采取全拆重建和插花式改修建等方式,综合政策处理难度小、居民意愿强、改造需求强等因素选择试点。规划新建类依托省重大发展平台,高铁、轨道交通站点,人口集聚潜力大等要求选择试点。

——资金平衡。改造更新类通过地上地下增量面积合理限价出售出租,基本实现资金平衡。规划新建类参照"标准地"做法,实行带方案土地出让模式,适度降低用地成本,约束开发商落实未来社区建设标准。

——建设实施。县(市、区)人民政府为试点主体,同时鼓励和支持优质国资、民资、外资参与未来社区建设运营、管理服务。鼓励优先采取"项目全过程咨询+工程总承包"方式。

——指标要求。设置综合评价指标、九大场景分项评价指标,兼顾指标的约束性和引导性。最终评判因素为居民满意度;底线为满足未来社区内涵要求。

——进度管控。规划新建类:2年左右完成试点建设工作,2020年底开工建设。改造更新类:考虑拆迁安置进度等因素,可放宽至3年左右,2020年底完成政策处理。

(四)浙江省内各地未来社区试点探索

《浙江省未来社区建设试点工作方案》提出"两年成品牌"的总体目标,坚持试点先行,鼓励大胆探索,先培育,再认定,按照示范引路、分步推进、动态调整的创建方式。2019年5月,浙江省未来社区试点建设工作逐步铺开。

1.浙江省未来社区试点项目情况

截至2020年8月,浙江省发改委共公布了两批未来社区试点创建项目名单。其中,2019年8月16日公布的首批未来社区试点创建项目名单,共计24个创建项目;2020年8月11日公布的第二批未来社区试点创建项目名单,共计36个创建项目。

第一批名单中:杭州市7个项目分别是上城始版桥社区、江干采荷荷花塘社区、拱墅瓜山社区、西湖之江社区、萧山瓜沥七彩社区、萧山亚运社区、钱塘新区云帆社区,宁波市2个项目分别是鄞州划船社区和白鹤社区,温州市4个项目分别是鹿城集新社区、龙湾富春社区、瓯海南湖社区和永嘉雅林社区,湖州市1个项目为南浔颐塘社区,嘉兴市1个项目为南湖甪里社区,绍兴市1个项目为上虞鸿雁社区,金华市3个项目分别是义乌下车门社区、永康田川社区、开发区山嘴头社区,衢州市1个项目为柯城礼贤社区,舟山市1个项目为定海城西社区,台州市2个项目分别是椒江心海城社区、高新区沙北社区,丽水市1个项目为莲都灵山社区。据统计,全省第一批24个试点项目的直接受益居民合计12万人,计划引进各类人才6万人,总投资逾2000亿元。建设周期基本从 2019 年开始到 2022 年结束。首批试点项目突出改造更新开发模式，主要创新点为依托交通枢纽的 TOD 模式应用、建筑立体绿化、商住复合型用地以及带方案土地出让等的实行。

第二批名单中：杭州市 4 个项目分别是余杭鼎湖社区（改造更新类）、富阳杭黄社区（改造更新类）、萧山万向社区（规划新建类）、城西科创大走廊（全域类），宁波市 2 个项目分别是北仑通山社区、鄞州姜山社区，温州市 4 个项目分别是龙湾南洋社区、瑞安永胜门社区、龙港下涝社区、平阳西塘社区，湖州市 3 个项目分别是德清前溪社区、南太湖新区长东社区、安吉余村，嘉兴市 4 个项目分别是南湖渔里社区、嘉善枫南社区、桐乡杨家门社区、港区牌楼头社区，绍兴市 4 个项目分别是越城薛渎社区、柯桥福全金三角社区、嵊州白莲塘社区、滨海新区沧海社区，金华市 4 个项目分别是金东东湄社区、兰溪桃花坞社区、东阳槐堂社区、金义新区石泄社区，舟山市 1 个项目为普陀夏新社区，台州市 5 个项目分别是黄岩东浦社区、路桥凤栖社区、临海六角井社区、仙居黄坦树社区、玉环东风社区，丽水市 4 个项目分别是灯塔社区、莲都采桑社区、缙云名山社区、遂昌古院社区，衢州市 1 个项目为高铁新城鹿鸣社区。

从余杭区的角度来看，2 批名单涉及 2 个项目，即鼎湖社区和城西科创大走廊。其中，鼎湖社区位于临平街道，是全拆重建型试点，项目规划单元面积为 87.3 万平方米，实施单元面积为 37.13 万平方米，直接受益居民约为 6100 人，引进各类人才约 3500 人，旨在成为"融杭接沪新枢纽，拥山临水新社区，产城融合新高地"。城西科创大走廊是目前唯一一个全域类的试点项目，涉及余杭、西湖和临安三区，已明确了"1＋3"的工作机制和"三同步""四统一"的工作要求。大走廊呈东西向带状分布，余杭区处于中间核心地带，东接西湖区，西连临安区，具有一定的区位优势，可以充分利用未来科技城科技岛周边大走廊"公共服务核"的特色定位和杭州西站的便利交通，进一步聚集优质的医疗、教育等公共服务资源，凸显核心地位，推动区域内的人才、要素集聚。

2.有关地市未来社区试点工作推进

各地市除了根据全省统一部署，不断抓紧试点项目推进外，还积极开展地方未来社区建设谋划和推进工作，并取得明显成效。

——杭州市。一是完善工作机制。杭州市成立了以常务副市长为组长、分管城建副市长为副组长，由市级相关部门及区县参与的市未来社区建设试点工作领导小组，研究协调解决重大问题；成立了市级工作专班，由分管城建副秘书长担任召集人，该专班分设综合规划组、建设推进组、民生保障组、服务双创组等4个组，分别由市发改委、市建委、市民政局、市科技局牵头推进；建立专班工作例会制度，每周召开未来社区统筹协调专班例会，研究解决试点项目推进中存在的问题。二是研究扶持配套政策。确立杭州市未来社区试点"1＋N"政策的框架思路，即"一项综合性实施意见＋相关部门若干专项配套政策"已出台。

——金华市。为推进未来社区省级试点工作，金华市强调坚持有为政府和有效市场并重，加快推进未来社区3年行动计划编制，加大未来社区项目融资、高效用地等政策研究，不断深化与央企、名企、市属国企的对接交流。同时，还充分调动未来社区产业联盟等市场主体、投资主体积极性,谋划建立未来社区重大项目实施库、储备库,以此系统推进民生改善、产业培育、投资拉动和管理转型。

——温州市。温州市成立了由温州市委常委任工作组组长,以相关 10 多家市直部门单位负责人为成员的未来社区建设领导小组。该小组明确提出,未来社区项目要做到要素优先保障,凡成功创建省级试点的,相关区(县、市)政府获得 1∶1 比例的指标匹配奖励和财政资金补助;同时提出,要建设温州市级未来社区试点项目,形成省、市两级试点联动的格局。

——衢州市。高度重视未来社区建设工作,提出由市委、市政府主要领导任组长的双组长制未来社区建设领导小组,打造大花园核心区的未来社区衢州样板。明确以新型城镇化和乡村振兴探索新路为目标,在市级与区县两个层级、城市与乡村两个层面广泛进行试点社区选址,同步推进浙江省"未来社区试点"及联合国"可持续社区标准试点"的申报与实施工作。此外,还以莲花乡村国际未来社区为代表,创新性地提出了"乡村国际未来社区"的概念。

二、国内外有关旧城改造与社区建设的实践

欧美发达国家的社区建设实践与理论研究较我国更广泛、更成熟。我国国内其他省市虽然没有提出未来社区的概念,但在推进旧城改造、提升社区建设方面也积累了许多成功经验,值得余杭区在未来社区试点实践探索中学习和借鉴。

(一)国外有关社区建设实践

社区建设和管理对经济社会协调发展具有重要作用,也是一个城市治理能力的集中体现。发达国家在社区建设、更新,以及文化、环境与治理方面都有成熟的经验与政策可供我们参考。

1.新加坡的组屋计划

新加坡国民房屋自有率超90%,其中82%是组屋。新加坡被公认为全世界解决住房问题最好的国家之一。组屋由政府提供,分为2种:一是面向中低收入家庭的普通组屋;二是面向收入超过普通组屋申请上限但又无力购买私宅的"夹心层"提供的改善型组屋。私宅主要面向高收入公民及无法购买组屋的外国人。组屋价格门槛低,保证了居者有其屋;与此同时,配套实施了促使民族融合(社区内华人家庭比例不超过80%)、居家养老(子女申请组屋近父母可享受补贴)、底层开放(公共文化与商业空间得到保证)等一以贯之的稳定政策,使得组屋成为新加坡居民的住房首选。

2.英国的社区建筑

第二次世界大战以后,以英国为代表的西方国家兴起一种自下而上的居住环境建设活动。1976年,英国皇家建筑师协会在其内部成立了一个社区建筑小组,提出社区建筑是建立在居民自建基础上多方合作的一种住房建设模式。当然,这种建造过程不能停留在简单的居民个体自建的层面上,需要社区居民、政府、财团、设计者等多方合作,但建设的主体是社区居民,受过培训的建筑师帮助社区自身组织其建筑形式。社区建筑的主要特点为：还权于民，鼓励参与；调整角色，改变方法；小规模渐进，注重过程。

3. 美国的社会建筑

社会建筑主要是指通过社区设计、社区技术协助、邻里保护、社区规划和社区发展等规划技术手段，鼓励社区居民参与自身生活环境的更新与管理，改变资源再利用的方法。20 世纪 70 年代以后，美国旧城社区更新逐步由"自下而上"的社区发展规划替代了"自上而下"的物质更新规划。社会建筑表现为 2 种形式：一种是由社区主导的社区发展规划，强化社区在规划中的实际控制能力，比如社区成立由社区代表掌握的非营利组织——社区发展公司，由其负责资金的使用、规划的编制与实施，并组织教育培训活动，从而提高社区的治理能力；另一种是地方政府支持的社区规划，重在与相关规划进行协调，关注社区的多样性。

4. 日本的"造街活动"

日本的"造街活动"广义上可以解释为从软件和硬件两方面解决一个街道或者地区的更新问题。根据目的的不同，"造街活动"可分为艺术造街、景观造街、历史造街等，基本以地区居民为主体，或者采取政府和居民合作的方法。20 世纪 80 年代，日本地方政府认识到将"造街活动"与地区原住民相结合，以制度保障公众参与才是"造街活动"成功的关键。经过 40 年的发展，日本各地都有专职进行"造街活动"的组织。地方政府、专业人员和社区居民充分利用俱乐部、协议会、研究会等各种非营利组织的力量，进行富含地方特色的社区更新活动。

(二)国内相关城市建设实践

国内相关城市虽无未来社区之名,但在各自的旧城改造过程中,许多理念和原则与未来社区是一致或相通的。人是社区建设的关键所在,而且对于建设环境优美、生活便利的社区,各地都有一条立足于自身实际情况的建设路径。

1.上海市:15分钟社区生活圈

上海市新一轮总体规划提出,2040年的上海将是一座更具活力的繁荣创新之城。上海市在对未来的愿景中始终紧扣"人"这一核心价值和主题,市民幸福是城市发展的根本追求,社区是城市生活的基本单元。因此,以15分钟社区生活圈为载体,打造"宜居、宜业、宜游、宜学"的生活空间,是上海市总体规划的重要举措之一。上海市还提出,截至2040年,体育、文化、卫生、教育等社区公共服务设施的15分钟步行可达覆盖率为100%,公共开放空间的5分钟步行可达覆盖率大于90%,等等。相应地,上海市的旧城更新政策,从"拆、改、留"走向了"留、改、拆"。其核心的规划及政策理念主要如下:

——绿色健康。紧凑开发,通过步行生活圈内适度的人口密度,确保社区活力。步行可达,通过精准有效的设施配置,促进更多的绿色出行。

——创新再生。发展嵌入式空间,挖潜社区旧、微空间的使用多样性。通过丰富多元的文创活动,激发社区文化的繁荣再生。

——包容协调。全面关怀,加强针对老人、儿童等群体的人性化社区服务。讲求社区融合,提倡不同类型的居民适度混合居住。注重文脉传承,引导新旧空间环境的有序和谐。

——活力开放。打造富有人性化的出行空间,形成步行友好的街区格局。引导沿街功能设施开放混合布局,激发街道的社区交往功能。

——共享合作。开放可共享的社会资源,整合可共赢的社区设施,提升资源利用的弹性与效率。鼓励居民参与社区营造,形成社区认同和居民合作精神。

2.成都市:打造高品质和谐宜居社区

2018 年,成都市发布的《关于深入推进城乡社区发展治理建设高品质和谐宜居生活社区的意见》,提出要推进品质社区、活力社区、美丽社区、人文社区、和谐社区建设。

品质社区的核心是构筑 15 分钟社区生活服务圈。

活力社区的核心是鼓励高校院所开放培训资源,以不出社区即可创业为目标,为创新创业者提供办公、软硬件一体化配套服务。

美丽社区的核心是实现"300 米见绿、500 米见园",推行"街长制"管理。成都市自 2005 年起,积极拓展城市绿化新空间,通过加大城区立体绿化、屋顶绿化、阳台绿化建设等,以花园庭院不计容、花园庭院绿化面积计绿化率的倾斜政策为城市空间丰富绿色层次,推进全域增绿。

人文社区的核心是培育向上、向善、向美的社区精神。

和谐社区的核心是"一社区一法律顾问"全覆盖。

3.深圳市:人才房建设模式新探索

深圳市华富村旧城改造模式是深圳市近些年来城市改造更新成功的典型。该项目位于深圳市中心公园东侧,占地总面积约为 11.8 万平方米,总建筑面积约为 18.1 万平方米,住房总数为 2343 套。原华富村小区建于 1987 年,楼龄超过 30 年,无电梯、无专用停车场,养老设施差。

该项目改造采取"政府主导＋国企实施＋安置房建设＋保障房人才房建设"的模式,由福田区政府全程主导,把握改造方向和关键环节;福田投资发展公司作为区属全资国有企业,负责项目具体工作,采取全过程代建制,选定华润置地公司为全过程代建管理单位。

项目总投资预计 86 多亿元,资金筹集途径为发行地方债、财政出资、国家棚改专项补助等,采取全拆重建方式,植入具有本土特色的公共服务和活动节点,规划学校、社区服务中心、文化活动室、体育活动场地、老年人日间照料中心等社区级公共配套设施,提供居住、文化、教育、体育活动、休闲娱乐等配套服务。在容积率上,保障房、人才房、商业用房等的容积率为 6.0,回迁房为 5.2,办公楼、人才公寓、商业用房为 15.0。

(三)经验启示与借鉴

综合上述国内外社区建设与旧城改造的经验,结合余杭区实际,我们认为余杭区在未来社区建设中,可以重点关注以下几个方面。

1.与老旧小区改造有机融合

未来社区建设的重点是改造更新类,主要针对老旧小区。要充分利用国家全面部署老旧小区改造工作的契机与相关支持政策来助力未来社区建设。2020 年,时任浙江省省长袁家军明确提出:"创建未来社区是贯彻落实党中央、国务院城镇老旧小区改造重大决策的具体抓手。"各地实践也证明,将这2项工作高效融合,是未来社区建设以人民为中心宗旨的最直接体现。

2.构建"1+3+X"多元项目范式

浙江省提出的未来社区中的"一个中心、三大坐标和九大场景",描绘的是一幅标准版的未来社区的蓝图。综观国内外旧城改造和社区建设实践成功经验,即使在同一个框架标准下,各地的建设路径、重点也都是不同的,各有各的独特之处。因此,余杭区打造未来社区,也要因地制宜,充分考虑自身资源和优势,做到个性和共性相统一,在坚持"一个中心、三个价值坐标"的基础上,按照具体情境,九大场景可不需要面面俱到,也可以超越九大场景,以此创建有余杭特色的未来社区新范式。

3.注重运作模式与机制创新

现阶段浙江省的未来社区工作尚处在从理论向实践转换的过程中,只是在基础理念和总体框架上对未来社区进行了规定,但在具体项目实施过程中,还有许多政策、工作细节、关键场景需要在实践中探索、深化、细化。例如,在面临政策容积率、经济容积率和极限容积率等多种因素时,个案分析应先确定合宜的容积率,再考虑建立城市弹性容积率指标体系;参考地铁上盖物业等用地功能的多样化,避免用地功能单一化的一刀切模式;在选择项目运作模式时,可以根据项目条件选择由政府或市场主导,或者由政府与市场合作等多种模式。

4.建立全社会多主体参与机制

未来社区建设是一项立足于城市更新的民生工程,居民的满意是民生工程的最终目标。例如,改造更新类的未来社区可以学习广州,成立更新改造公众咨询委员会;新建类则可学习海外的优秀经验,促成各级政府、社区、开发商和研究机构等组成非营利性智库机构,由智库机构来协调各方意见进而决策社区设计。国内外实践证明,由政府、居民、公众、专业机构等多方主体共同参与建成的社区才是老百姓最终想要的、科学可行的、让大众满意的社区。

三、余杭区未来社区建设的现状基础

(一)经济社会发展基础与形势

1.经济社会发展基础

自 2001 年撤县(市)设区以来,余杭区加快县域经济向都市经济转型,经济社会各领域取得了跨越式发展,城市化水平显著提升,城市综合实力明显增强,为全区开展未来社区建设奠定了良好的基础。

一是经济产业发展有力。近年来,余杭区经济发展势头良好,质量效益明显提高,全区生产总值、第三产业增加值、财政总收入等重要经济指标均居全省、全市前列。产业不断升级,实现现代服务业、制造业双轮驱动,高质量融合发展。2020 年数字经济核心产业实现增加值1708.0 亿元,占生产总值比重为 56%;规模工业高新技术产业增加值为 297.53 亿元,增长 17.5%,人工智能、虚拟现实等战略性新兴产业集群化发展逐步显现。

二是人口人才集聚明显。余杭区常住人口持续增长,2020 年,全区常住人口大约为 240.25 万人,居杭州市首位,较 2010 年增长 105.3%,增量占杭州全市常住人口增量的 38％。人口快速增长的背后,是余杭区近年对人才吸引力的不断增强,全区人才总量已突破 45 万人,海外高层次人才引进总量、增量均列全省区、县(市)首位。

三是交通基础设施建设提速。余杭区东、南、西三面与杭州主城连接,东西跨度大,交通基础设施建设至关重要。为提升交通效率,实现与主城区无缝对接,余杭区大力发展轨道交通,积极引入 10 条地铁线路及城际快线,借力西站高铁枢纽建设契机,加快完善未来科技城交通基础设施,加大快速路建设力度,构建"五横八纵""内通外联"的快速路网体系。

四是产、城、人深化融合发展。余杭区坚持"三生融合、四宜兼具"的理念,采用点轴状圈层式开发国土空间,围绕主城将全区划分为内部、中部、外部三大圈层,控制不同圈层的开发强度,实行不同的开发策略,形成功能承接梯度有序、开发利用疏密有致的圈层式空间开发格局,着力打造临平创业城、未来科技城、良渚文化城和大径山生态区"三城一区"的产城格局,并以艺尚小镇、梦想小镇、梦栖小镇"三镇"为核心,促进城乡协调发展,深化产城融合。

2.未来发展形势

根据余杭区委、区政府的谋划决策,在未来一段时期内,余杭区要以建设"创新余杭""美丽余杭""文化余杭""平安余杭""幸福余杭"为发展目标,着力推进全域创新策源地、全域美丽大花园、全域治理现代化建设,加快实现"东部崛起、中部兴盛、西部富美",这些都对余杭区未来社区建设提供了方向指引。

在产业方面,实施"新制造业计划",打造千亿级产业集群,培育发展以数字经济为核心的新产业,加快推进 5G 网络建设,力争 2022 年前全面建成全国数字经济先行区。

在创业创新方面,强化人才引育留用,深入实施人才工作"两工程、两计划",打造"热带雨林式"人才强区,实施"大孵化器"战略,建设多层次的创新载体金字塔体系。

在民生保障方面,实施名校、名师、名校长"三名"工程,扩大临平创业城、未来科技城、良渚文化城教育资源供给,完善公共文体设施布局,启动区医疗卫生服务共同体建设,健全多元化的养老服务体系,加强安置房配套建设,加快推进余杭经开区、未来科技城、临平新城、良渚新城公租房项目建设,多渠道筹集房源,扩大公租房、廉租房保障覆盖面。

在城乡建设方面,启动临平老城区有机更新二期项目,加快推进仓前街道、瓶窑镇、塘栖镇、径山镇"美丽城镇"试点创建等,以提升城乡品质品位。

(二)城市及住宅小区建设布局

未来社区的建设必须依托大型住宅区来实施,并与新的大型拆迁安置点、规划住宅新区相统筹。总的来看,余杭区内城市及住宅小区建设情况不一,整体可划分为新城区及周边板块、老城镇板块、产业平台类板块、乡村生态类板块。

1. 新城区及周边板块

余杭区近年来的重点规划发展区域,土地出让、新建开发规模大,主要包括未来科技城、临平新城、良渚新城(北部新城)和崇贤新城板块。其中,未来科技城、临平新城、良渚新城核心区开发建设相对成熟,产业集聚突出,轨道交通、商业配套规划建设力度大,教育、医疗、文体等优质公共服务配套日趋完善,人口密度大且结构偏年轻化,新建住宅小区规模较大,开发较为集中。另外,受核心区辐射带动,新城非核心区及周边区块正逐步加快开发节奏,如未来科技城核心区周边的高铁新城、南湖板块,良渚新城的北部新城,临平崇贤新城,临平地铁 TOD 预留拓展区块,等等。

2. 老城镇板块

老城镇板块,主要包括临平老城区、老余杭、塘栖、老崇贤、南苑、运河等板块。这些板块历史上大多属于产业重镇,城镇空间开发较为成熟,具有一定的城市特色风貌和自然生态资源,配套设施完善,但整体建设老化,轨道交通发展相对滞后,老旧小区数量较多,2002 年 12 月底前交付使用的住宅小区全区共有 305 个,其中大部分集中在此类板块,社区配套服务相对落后。此外,全区范围内此类板块人口分布仍相对密集,如 2017 年余杭区户籍人口统计中,塘栖街道人口数量仅次于良渚街道,全区排名第 2,老年人口比重较大。

3. 产业平台类板块

产业平台类板块主要依托余杭经济开发区、仁和先进制造业基地,是全区重要的产业平台,工业企业数量多,板块核心区建设有东湖新城、勾仁新城。该类板块同样有较大规模的开发、新建,基建配套已基本成形,大部分住宅小区建设处于开发或待开发阶段,商业、公共服务配套资源主要集中在核心区,居住环境仍需不断完善,以产业人群为主,整体人口集聚尚不明显。

4.乡村生态类板块

乡村生态类板块以大径山生态区为主,主要包括瓶窑、百丈、黄湖、鸬鸟、径山、大余杭生态区、良渚生态区等板块。该区块自然资源丰富,环境质量好,以乡村风貌为主,生态保护优先,人口密度低且老龄化突出。

(三)未来社区建设重点考虑因素

未来社区建设支持特色化、差异化,鼓励形成百舸争流、百花齐放的格局。目前,余杭区经济社会发展、城市化建设呈现城市与乡村、新城区与老城区不同形态大量共存,人口结构趋势、创业创新空间需求、生态文化资源多样化、多元化的特点,这也将是余杭未来社区建设实现因地制宜要予以重点考虑的因素。

1.城市与乡村形态并存

余杭区城市与乡村形态并存现状明显。从土地面积空间来看,余杭区总面积达 1228 平方千米,建成区面积为 75.5 平方千米,仅占6.15%,乡村覆盖面积较大;从区划来看,余杭区下辖 14 个街道、6 个镇,共有建制村 180 个、社区(非农)186 个,二者数量相当;从人口结构来看,余杭区城镇与农村户籍人口占比约为 56∶44,农村户籍人口比重高于全市平均水平。因此,余杭区未来社区建设要充分考量城市与乡

村两种形态,对城市社区、撤村建居社区、农村社区等不同类型予以
区分。

2. 新城区与老城区共存

余杭区建城历史悠久,各区块城镇建设都有一定的基础,但过去发
展相对割裂,且呈现东强西弱的格局。随着城市化进程加快,城市整体
开发建设全面进入"快车道",并在"十三五"后着力形成以"三城一区"
为核心的城市发展格局。在此背景下,余杭区既有新城区板块较大规
模的新建开发,又存有临平老城、南苑、塘栖、瓶窑、老余杭等老旧小区
集中、人居环境改善困难的镇街老城区。这就意味着,余杭未来社区建
设,不是仅以老旧小区改造为主,还应注重新建与改造并举,借力新城
开发,建设规划新建类、全拆重建类未来社区,围绕老旧小区改造,发展
改造更新类未来社区。

3. 多样化人口结构趋势共存

近年来,余杭区人口结构呈现多种趋势,一是青少年与老年人口增
长快,人口结构呈现"两头大"。2012—2020 年,全区 0—17 岁及 60 岁
以上人口比例从 13.82%、17.7%,分别增加到 21.9%、20.1%。二是
流动人口增长明显,且人口比重大。2014—2018 年,全区常住人口中非
户籍人口增加 21.7 万人,增量占常住人口增量的 55.5%。目前,全区
常住人口中非户籍人口占比达 31.5%。三是人才集聚突出,全区人才
总量已突破 45 万人。随着全区人才招引力度加大,未来将有更多不同
层次、不同需求的人才集聚于此。余杭区未来社区建设,要充分分析区
内人口的结构特点,在场景建设、公共资源配套中予以适配。

4. 多样化创业创新空间需求共存

随着创业创新氛围渐浓,余杭区创业创新主体日趋多元化。推进高新技术企业倍增计划,新增国家高新技术企业 260 家、省科技型企业 200 家,创建省级企业研究院、企业研发中心 30 家。深入实施"雄鹰计划""雏鹰计划""双百计划",培育了一批具有国际竞争力的大企业、专精特新"小巨人"企业和单项冠军、隐形冠军。

5. 多样化生态文化资源共存

余杭具有丰富的文化和山水资源。例如,西北部地区包括径山、鸬鸟、黄湖、百丈四镇和瓶窑镇苕溪以西,以山地风光、禅茶文化为特色;东部地区包括塘栖、仁和、运河、崇贤等镇街,以水乡古镇、运河文化为特色;北部地区包括良渚、仓前、瓶窑等镇街,以田园绿洲、良渚文化为特色;西南部地区包括中泰、闲林、余杭等街道,以清溪绿谷、农业文化为特色。这些将有利于余杭区打造具有自然资源禀赋、城市特色风貌和历史文化传承的未来社区。

四、余杭区未来社区建设的总体设想

(一)指导思想

从浙江省未来社区基本概念内涵出发,结合余杭区经济社会现实特点及未来一段时期的发展方向,提出余杭区未来社区建设的指导思想,即高举习近平新时代中国特色社会主义思想伟大旗帜,以不断满足人民美好生活向往为根本宗旨,聚焦人本化、生态化、数字化三维价值坐标,重点围绕社区邻里、教育、健康、创业、交通、低碳、建筑、服务和治理等建设场景,深度展现数字经济发达、创新创业活跃、生态人文丰富、城乡融合发展四大特色优势,统筹规划,凝聚合力,高质量推进余杭区未来社区建设,系统构筑"两级四类八种"的未来社区架构体系,努力打造示范全省、引领全市的未来社区余杭样本,全面助推余杭区"三个全域"建设、人的全面发展和社会的全面进步。

(二)建设原则

坚持以人为本。紧紧围绕余杭区人民群众的现实需求和对美好生活的向往,严格落实房地产调控要求,坚持房子是用来住的、不是用来炒的定位,突出高品质生活主轴,坚持新技术、新模式引领,让全区人民真正享有获得感、幸福感、安全感。

坚持分类推进。根据小区居民实际需求、房屋及配套设施、外部环境条件等情况,做深、做细余杭区住宅小区评估工作,合理确定每个未来社区的建设类型、建设标准和建设阶段,实施精准化、定制化、有步骤的推进策略。

坚持特色打造。结合余杭区在数字经济、创新创业方面的优势,以及生态人文、城乡二元方面的特色禀赋,为适应余杭区新时期发展需要,重点打造一批既符合浙江省未来社区工作统一部署,又具有余杭区经济社会特色的未来社区样板。

坚持改革创新。秉承与时俱进的建设发展理念,不断丰富未来社区的基本内涵和具体要求,按照"以运营指导建设""一社区一方案"的设计原则,合理选择建设场景,科学设置边界条件,不断优化指标体系,积极探索项目建设的新理念、新模式和新机制,让余杭区未来社区建设工作走在全省、全市前列。

(三)建设目标

根据浙江全省未来社区建设试点工作部署,结合余杭区"十四五"经济社会发展及今后一个时期老旧小区改造、拆村建居、新城建设等统筹实施城乡建设重大工程,提出余杭区未来社区"三步走"建设目标:

近期(2020—2021年):试点先行,找经验。结合省级未来社区试点创建,选择基础条件好、代表性强的住宅小区,开展余杭区未来社区试点建设工作,建立完善全区未来社区推进体制机制,摸索配套政策措施。到2021年底,创建区级试点10个左右、省级试点3—4个,基本构建全省统一要求、具有余杭特色的未来社区建设框架体系。

中期(2022—2025年):推广复制,成体系。总结前期试点经验,形成若干成熟建设模式和建设样板,在全区进行推广复制。到2025年,余杭区未来社区工作推进机制和配套政策体系健全完善,具有余杭特色的未来社区建设总体架构成功构建;全区各乡镇街道、大型住宅小区、重要产业平台创建区级未来社区试点不少于1个,全区争创省级未来社区试点10个以上,力争省级未来社区的创建数量、成效走在全省前列,一批未来社区典型案例成为示范全省、引领全市的样板。

远期(2025年以后):滚动实施,全覆盖。适应余杭区未来一段时期经济社会发展水平和城乡建设进度,按照分步推进、滚动实施、不断升级的要求,新建社区全部按照未来社区标准进行规划建设,30年以上老旧小区全部按照未来社区理念完成改造,使未来社区成为展示余杭区经济高质量发展的重要助推器和全区人民共享美好幸福生活的主平台,在全国打响未来社区余杭模式。

(四)架构体系

——组织架构。按照政府主导、市场运作的基本思路,构建各级政府、社区居民、市场主体、社会公众等多元主体共同参与的余杭区未来社区建设组织架构。具体而言,由区委、区政府总决策协调,区发改部门为主牵头,住建、规划资源、经信、财政、教育、民政、林水等相关部门负责具体工作推进,各街道、乡镇、开发平台为项目实施主体,全体社区居民、居委会、社团组织全程参与谋划策划,国内外广大市场主体积极投资建设运营,余杭区全社会大众、各界媒体共同参与建设谋划与运营监督。

——空间结构。结合余杭区城乡现状布局和未来发展趋势,打造"四城两区多点一域一带"余杭区未来社区空间布局结构。其中,"四城"是指以临平新城、良渚新城、未来科技城、崇贤新城等4个新城为核心的大型居住城区,以规划新建的高品质社区和征地拆迁农民的安置房社区为主,展现余杭区现代化城市建设和治理水平;"两区"是指以余杭经济开发区、仁和先进制造业基地2个区级产业平台为核心的大型住宅片区,以重点吸纳创业人员和产业工人的规划新建社区为主,主要促进平台产城融合,职住平衡;"多点"主要是指以老临平、老余杭、塘栖等为代表的全区东、中部15个镇街中心所在的老城区、历史老街区,以改善小区公共配套服务、提升原居民生活品质为目的改造更新老旧小区为主;"一域"即城西科创大走廊余杭区划范围,包括2个全球领跑型、1个全国示范型、7个重点基础型以及其他个性化型共计约45个未来社区,打造"园区—社区"融合、社群关系密切、文化开放包容的未来城市典范;"一带"即大径山自然风景和生态保护带,包括瓶窑镇、径山镇、黄湖镇、鸬鸟镇、百丈镇等西部农村地区,自西向东由点及面带状呈现的农村集中改造村舍,主要展示乡村振兴发展和新型农村建设成效。

——项目体系。构建余杭区"两级四类八种"未来社区项目体系。其中:

"两级",是指省级未来社区和区级未来社区。区级未来社区作为省级未来社区试点项目的储备。在坚持省级未来社区基本理念内涵的基础上,区级项目可以在规模大小、场景数量、人员安置方式、资金平衡及建设模式等方面,灵活安排,突出特色。

"四类",是指规划新建、插花式改造、全拆重建和全域类 4 种类型。插花式改造和全拆重建类以建成 30 年以上的老旧小区为主,但具体改造方式要根据小区居民意愿、功能缺失程度、房屋建筑条件等情况综合评估后确定。对于建筑年限久远且存在重大建筑安全隐患的,坚持全拆、全建。全域类即一定区域范围内所有社区全部按 3 类基本型建设的综合型未来社区。

"八种",是指交通枢纽型、产城融合型、创新创业型、养老服务型、山水田园型、历史人文型、拆村建居型、乡村集体型等 8 种未来社区主题样板。这 8 种样板除了符合未来社区常规理念和基本指标要求外,还基于其独特、重大的外部环境和内部功能需求,在主导功能、人员构成、建筑特色、人文环境等方面形成一定的普遍性和示范意义,展现余杭区未来社区的特色亮点。

第一种:交通枢纽型。这是适应余杭区未来大量交通基础设建设趋势,依托高铁、地铁、公交等大型枢纽的停车场和中心站点进行内嵌式建造的配套社区,主要突出外部交通与内部交通的高效便捷衔接,多以土地混合利用、单体建筑多功能叠加、地上地下立体开发的综合体开发模式呈现,如能引入交通枢纽主体参与投资建设则更佳。

第二种:产城融合型。这是适应余杭区数字经济、新制造业发展,依托开发区、制造业基地等大型产业平台建设的配套社区,主要满足产业平台建城需要,为产业人才提供支撑,人员构成以平台产业工人和商务人群为主,较多配置经济型小面积商品房、人才房和租赁房,突出商务功能和综合配套服务。

第三种:创新创业型。这是进一步助推余杭区创新创业发展,与孵化器、科创中心、科技园等产业创新平台深度融合的配套社区,人员构成以年轻的创新创业人群为主,以创业场景为核心,强化创业要素配置与综合管理,突出打造开放交流空间。

第四种:养老服务型。为解决余杭区日渐加重的人口老年化问题,专门针对老城区老年人口高度集中的老旧小区或专门开发供老年人居住的住宅新区,以健康场景为核心,围绕老年人群的全方面需求进行软硬件环境设计,提供配套服务功能设施,探索公建民营、投资养老等多种建设运营模式。

第五种:山水田园型。借助余杭区独特、丰富的山水田园自然资源优势,在不影响生态环境的前提下,因地制宜地布局一些高端小区,以服务高端人群为主,突出休闲、养生功能,追求低建筑密度、大面积绿化、高品质配套和一流管理服务。

第六种:历史人文型。依托良渚世界文化遗产这一独特、重要文化资源,建设一批展现良渚独特文化、蕴藏余杭城市历史记忆的社区,以保护、传承及发展历史文化为目标,综合利用建筑形态、景观小品、邻里场景等全方位设计营造特色文化元素。

第七种:拆村建居型。适应余杭区城市化加快发展的需要,集中建设一批专门安置拆迁农民的经济型小区,力争在小区农场建设、阳台及楼顶种植养殖、基础物业与停车零收费等方面形成特色。

第八种:乡村集体型。以服务乡村振兴为目标,选择村舍相对集中、集体效益较好的自然行政村,通过引入社会资本,充分利用集体用房、公共空地、农民闲置房,配置教育、养老、健身等服务设施,大力改善村容村貌,积极发展农家乐、休闲旅游、农村电商等经济业态。

五、余杭区未来社区建设的重点工作

(一)制定全过程项目推进流程

根据浙江省未来社区创建程序,结合余杭区实际,提出事前、事中、事后全生命周期,包括前期谋划、项目准备、项目申报、项目实施、项目认定、运营评估等6个阶段的工作推进流程。

1.前期谋划

立足5—10年中长期,从区域整体考虑,在不突破国土空间规划的前提下,根据本区域总体规划要求,组织编制未来社区建设中长期规划和年度实施计划,按照谋划一批、建设一批、竣工一批的要求,建立未来社区项目储备库、实施库、评估库。搭建余杭区省、市、区不同层次的未来社区项目库。明确项目规划布点、红线范围与建设时序，并滚动实施。

2.项目准备

根据未来社区建设行动计划和项目储备库,选取年度未来社区推荐项目,确定项目实施主体,编制未来社区建设项目实施方案及其项目城市设计。同步开展项目所在地的控规调整、土地征迁收储等相关工作。实施方案应包括概念性设计方案、九大场景集成方案以及满足建设"数字孪生社区"的支撑方案。

3.项目申报

项目实施主体将项目实施方案等申报材料上报给区发改部门,由区发改部门组织联合审查;区发改委审查通过后再上报给区政府;区政府同意后,对于符合省级试点要求的项目,可根据省试点项目程序向上级部门上报,争取省级未来社区试点名额。根据余杭区实际特色,建立一批区级试点创建名单。

4.项目实施

根据项目建设计划,选择招标、拍卖、挂牌等公开方式进行土地出让,审批部门按照"最多跑一次"的改革要求,办理各项工程建设管理审批事项,实施主体启动项目工程建设。省级试点未来社区项目,争取列入省、市重点项目名单。

5.项目认定

项目完成规划建设目标后,由区发改部门牵头组织验收,具体可委托第三方机构进行评估,出具评估结论。对验收合格的,上报区政府,经区政府同意后正式命名。争创省级试点的,按省级试点创建项目程序组织验收。

6.运营评估

建立未来社区运营评估机制,对已授牌的未来社区,按照事先确定的建设实施方案和运营标准,定期开展运营绩效评估。对于居民满意度较低、突出问题整改不及时或整改效果不佳的未来社区,取消其授牌资格。

(二)建立多主体参与决策机制

未来社区建设是一项立足于城市更新的民生工程,涉及政府、社区居民、开发运营主体等多元利益主体,需要基于项目全生命周期进行考虑,统筹协调各方工作。

1.建立多主体联动的决策机制

建议由社区发起、政府牵头,组织政府部门、街道社区、市场主体、小区居民及智库咨询机构等多方主体共同组建的政企民研未来社区议事会,并将其作为社区建设的核心决策机构。决策机构在各决策环节征集各方意见和建议,在政府的引导和监管下,通过议事会议共同推进未来社区项目开发建设。

"政",即区政府、各相关部门、街道和社区居委会,以及组织引导者和综合保障者,其具体工作包括制定相关政策法规、牵头编制项目实施方案、协调项目推进、搭建民意上达通道、提供资金支持等。

"企",即开发建设单位、运营服务单位等。社区开发和运营服务供给者,从实际开发运营出发,对决策事项提出意见和建议,提供资本支持,负责项目开发建设具体事宜。

"民",即社区居民、社区内的社会组织、贤达人员等。他们也是决策参与者,表达利益诉求,参与意见反馈,反映项目最终实施效果。

"研",即未来社区项目开展全过程咨询管理服务,由专业机构组织提供全过程项目管理、投资决策咨询、工程建设及运营维护咨询等全生命周期工作。通过引入专业化的团队,在各个阶段为地方政府和实施主体出谋划策、居中协调、指导实施。

2.建立全过程的项目推进机制

确立"选址决策—遴选开发主体—编制实施方案—社区运营评估"全过程决策推进机制,明确各决策环节中政、企、民、研各方主体相应的工作职责。

选址决策。"政"主要负责组织社区调查和评估、制订未来社区年度计划、项目论证和立项。"企"主要负责参与项目的前期论证。"民"主要负责发起、表达改造意愿,充分调动群众和市场的积极性,在科学有序的总体安排下,积极推动有创建资源和意愿的试点开展创建,避免政府全面兜底、市场缺乏信心和居民等不利局面。"研"受委托主要负责参与相应调查、评估、计划制订、项目论证等工作。

遴选开发主体。"政"主要负责制定开发要求、主体标准、遴选程序;"企"主要负责参与改造协商、方案竞标等服务遴选、撮合环节;"民"主要负责参与制定开发要求和主体标准;"研"主要负责参与协调各方诉求方案、参与对开发主体的评估。

编制实施方案。"政"主要负责项目实施方案等审议和批准、相关规划调整审批;"企"主要负责协调参与方案编制;"民"主要负责提出方案需求、参与意见征询;"研"主要负责主体方案、控规调整编制。

社区运营评估。"政"主要负责组织开展具体评估工作、信息公开与投诉处理;"企"主要负责开展自我评估,配合评估整改;"民"主要负责参与居民满意度评估,监督评估结果;"研"主要承担第三方具体评估工作,提供专业技术服务,给出评估结论。

(三)创新多元化项目运作模式

未来社区项目实施涉及多个政府部门、建设方、开发商、运营商以及各类人群。统筹建设和运营模式是协调平衡各大需求的主要方式,同时也是保障项目理性落地并且实现最佳回馈的重要手段。根据实施主体不同,未来社区项目建设开发模式主要有如下 3 种。但不论哪种模式,运营主体始终以合适的方式全程参与整个项目运作方案的设计,以确保运营指导建设的理念落到实处。

1.政府主导模式

由区政府下属的平台公司全程负责整个未来社区项目的一级土地整理、二级土地开发以及建成后的运营管理。在具体操作上,由平台公司负责项目筹资,政府支持获取低息贷款,同时将经营性用地土地出让金返还给平台公司;由平台公司出资负责前期的征地拆迁和基础设施建设,然后区政府将非经营性用地土地划拨至平台公司,将经营性用地带条件出让给平台公司。

这种模式的好处是,政府通过平台公司,主导整个未来社区项目的策划咨询、前期可研、规划设计、招标代理、造价咨询、工程营造、工程监理、运营保修等不同阶段的管理服务,从而更有利于政府对项目全流程的把控。这种模式比较适用于征地拆迁压力大、经营性资产较少、不受社会资本青睐的未来社区项目。

2.政企合作模式

这种模式与政府主导模式在过程上基本一致,不同的是在某个环节有社会资本的参与。通常的做法是,区政府授权平台公司与社会资本方签订合作协议并成立项目公司,由项目公司负责项目全过程的开发建设。以带方案土地出让的方式,项目公司一举拿下项目地块的一级、二级开发权。其中,征地拆迁的投资,可以在土地出让环节,政府通过扣除征地拆迁费的方式在出让金中予以减免。社会资本仅参与二级开发过程的情况也十分普遍。

这种模式的好处是,征地拆迁环节由平台公司主导,建设运营环节由社会资本方主导,充分发挥政府与市场各方的优势,实现"1＋1＞2"的效果。同时,还可以在一定程度上缓解政府征地拆迁的资金压力。这种模式比较适合规划条件较好、有一定商业开发空间的项目。

3.企业主导模式

这种模式一般是针对没有征地拆迁、营利条件较好的规划新建类项目。政府通过公开方式选定社会资本方,由社会资本负责项目的二级开发和运营管理。同时,对于老旧小区的插花式改造项目,这种模式也适用。

(四)科学设计资金平衡机制

未来社区建设以政府有能力、企业有动力、市民得实惠为目标,力争实现政府与市场主体、社区居民多方利益均衡。因此,未来社区设计各种资源的集聚平衡,通过建立投融资,建设,运营一级、二级、三级联动机制,实现全周期资金内部平衡。

1.明确未来社区资金平衡的基本原则

在未来社区建设中,寻找资金平衡本意是为了不新增政府财政负担,也预防出现部分政府为建设未来社区砸钱干的问题,但是不新增负担并不意味着政府不出钱,而且全部由市场买单也不利于未来社区项目落地。因此,在厘清资金平衡方案的前提下,先明确政府与市场应承担的责任边界,如政府主要承担区域级公共服务设施、大市政配套、已纳入政府改造项目以及购买服务计划等方面的工作,市场主要负责九大场景服务设施、公共空间、活动组织等。为此,未来社区建设坚持有为政府和有效市场并重:一方面,政府重点做好顶层设计、统筹规划、政策引导、分步推进,充分调动市场主体、投资主体的积极性;另一方面,则要激发市场、社会活力,探索形成产业联盟支撑的可持续未来社区建设发展模式。

2.未来社区资金平衡的要求

根据《浙江省未来社区建设试点申报工作的通知》,改造更新类通过地上地下增量面积合理限价出售,基本实现资金平衡;规划新建类参照"标准地"做法,实行带方案土地出让模式,适度降低用地成本,约束开发商落实未来社区建设标准。

此外,从主体来看,未来社区建设既需要计算政府方面的资金平衡,也需要计算社会资本方面的资金平衡。从阶段来看,未来社区建设要求项目实现全过程资金平衡。其中,建设期通过增量开发面积收益,平衡未来社区新建、改建综合配套设施支出;运营期采用创新经营性资产收益共享机制等方式,实现基本物业零收费。

3. 未来社区建设资金平衡的方案设计

未来社区建设的资金平衡可按全拆重建、插花式改建、规划新建 3 种类型,采取 3 种不同的平衡方案。

对于全拆重建项目,政府负责基础设施和征地拆迁的前期工作,引入市场主体承担建安投入、场景打造,同时充分盘活社区可经营资产,以市场主体物业销售和运营收益平衡改造投入。政府一次性投入包括拆迁安置成本和大市政(城市建设资金),通过土地出让收入和税收进行回收;对于拆迁安置压力大的,可以考虑在实施单元和规划单元 2 个范围内进行统筹。市场主体一次性投入包括土地出让金、税收、费用、公建、运维、基础物业,通过房屋出售、物业租金收入、增值服务、资产增值进行回收。在规划条件允许前提下,可以通过适当提高项目容积率,增加可出售房产面积,从而加大对拆迁安置的资金补助。当规划条件紧张、安置规模过大时,在征得居民同意的情况下,可以灵活地采取货币、异地、原地等多种方式进行安置。

对于插花式改建项目,政府引入市场主体承担改造投入,充分盘活社区可经营资产,以市场主体运营收益平衡改造投入。政府一次性投入大市政(城市建设资金),通过地方税收进行长期回收。企业一次性投入包括场景、公建、改造、运维、基础物业,后期靠租金收入、增值服务达到资金平衡。条件具备的,可以新增可售房屋建筑用于弥补企业改造资金。

对于规划新建项目,政府承担部分大市政设施和公共服务设施建设,并引入市场主体承担建安投入和场景打造。政府通过土地出让收益平衡共建资金投入。企业则通过物业销售回收投资建设成本,通过持续物业出租及运营收益平衡社区日常运营支出。

(五)搭建公共服务平台体系

未来社区是个复杂的生态系统,主体众多,结构复杂,数字化、智能化要求高,需要搭建各种平台,整合各方资源,协调各方关系,最终形成合力以实现资源最优、最大化利用和共建共享的目标。

1.建立未来社区建设产业联盟

未来社区有九大场景,其投资、建设、运营环节均涉及多个领域。因此,有必要通过产业联盟的方式,为未来社区项目提供全过程、全方位的落地支持。联合形式可以是行业组织性质,领域应包括"三化九大场景"所涉及的投资、工程设计、建设施工、智能交通、节能环保、数字治理、社区商业、健康养老、双创服务、物业服务等各个领域。在具体操作上,余杭区未来社区产业联盟可以直接从省市未来社区产业联盟中遴选组建,也可以以余杭区企业为主组建,支持和鼓励地方优质企业发展。

通常而言,联盟参与企业应为本行业龙头企业,具备突出的核心竞争力;或为"隐形冠军""小巨人"企业,在细分领域优势明显,产品科技含量高,技术工艺领先;或为创新型、潜力型新兴企业,能够适应"三化九场景"的发展趋势。参与企业应具有良好的口碑和信誉,对于运营或财务状况存在问题的企业,不予考虑。

2.建立未来社区数字化CIM平台

数字化是未来社区的三大内涵之一。建立数字化城市信息模型(City Information Model,CIM)平台,是余杭区未来社区建设项目的重要内容。通过CIM平台,未来社区项目可以生成底层的数据资产,同时也可以对地下风貌、房屋结构、管廊设施等都了如指掌,从而实现规划设计、建设施工、运营管理全生命周期数字化。未来社区CIM平台应由项目建设主体牵头建立,其功能应包括数字化设计、数字化征迁(通过可视化的三维仿真模型制定征迁方案、选房装修)、数字化建管(进度管理、安全管理、可视分析、施工模拟和预演)、智慧化运维等。

3.建设未来社区公共服务平台

未来社区项目建成后,为满足政务服务信息化和未来社区运营数字化的要求,应由未来社区所在的街道(社区)牵头,建立未来社区公共服务平台。该平台作为城市基本单元,可接入全区政府服务网,实现政府、街道、物业、社区、居民等多级多端的互联互通,打通公安、民政、医疗、教育等社会公共服务,创建平安、智能、便捷的数字社区。

社区公共服务平台由区政府相关部门负责统一建设,项目所在社区居委会进行日常运行管理,通过建立采集、提交办理、审批、对接等业务流程,提供"一平台一窗一人"的全能社工服务。让社区居民只要在家门口点点按键就能办成事,把政务服务"触角"延伸到居民家门口,有效破解政务服务群众"最后一米"的问题。

4.建设未来社区运营服务平台

未来社区项目建成后,如何统筹商业、养老、幼托、医疗、健身、休闲、物业管理等众多运营管理事项,让居民真正享受到高品质的生活,让商家实现可持续健康运营,需要统筹管理。为此,需要建设一个由社区综合服务运营商牵头建设的未来社区运营服务平台,使社区中所有商业性、准公益性以及其他各类物业运营资产,实现现实和虚拟、线上和线下的互通,为居民提供高精准、零距离、零延迟的集成服务。在平台大数据和社区综合服务运营商的共同支撑、配合下,实现对区域内包含九大场景在内的所有经营性、准公益性资产的精准管理,实现商业、公益服务企业的统筹招商,最终实现各运营商家、社区居民的功能最优化、利益最大化和成本最小化。

(六)做好与老旧小区改造相关的协调工作

余杭区人均收入水平已经达到中等发达国家的人均收入水平,老旧小区居民的生活质量已成为社会发展的短板,老旧小区改造是余杭区今后及未来一段时期内城市建设工作的重点。而未来社区"139"的建设理念和内容,符合老旧小区改造目标,因此必须充分做好二者之间的协调工作。

1.建立未来社区理念改造思路

一是做好前期摸排工作。按照未来社区九大场景的配建要求,有组织地对老旧小区进行彻底摸排,全面掌握老旧小区房屋建筑本体、公共服务设施、内部基础设施和小区环境等硬件设施情况,以及老旧小区居民自治和物业管理等软件服务现状,为后续提升改造提供数据基础。与此同时,做好民意调查,调研社区管理机构、物业服务机构、小区居民等相关利益群体,就"改不改""改什么""怎么改"等关键问题,了解、掌握改造意愿和改造需求。二是进行方案优化。要将未来社区作为老旧小区改造的完整升级版,未来社区项目的建设方案中应一揽子包含老旧小区改造内容,对不具备创建未来社区条件的小区,也要按照未来社区理念尽可能多地设置相关场景。三是推进专业化运营。老旧小区的管理停留在传统的物业管理阶段,与未来社区经营管理理念存在较大差距,需要引进专业的管理运营团队,用未来社区理念对社区进行管理。

2.加大老旧小区改造工作的协调力度

一是实施时间上,要将全区未来社区实施计划与老旧小区改造推进计划充分衔接,对同一时期纳入未来社区建设和老旧小区改造的社区,尽可能做到同步实施,避免两三年内先后各搞一遍。二是实施路径上,要试点先行。按照"先小后大""先易后难"的原则,针对全拆重建、部分拆建等不同改造类型,各选出2—3个试点小区进行摸索。通过看得见、摸得着的改造成果,总结改造经验,宣传改造效果,唤起居民的参与积极性。三是政策资源上,要将未来社区试点推进政策与老旧小区改造政策进行衔接,尤其是规划、资金、人才等关键政策,避免出现口径不一致、资源浪费的情况。四是工作推进上,建议建立未来社区建设与老旧小区改造工作的协调机制。未来社区工作是由发改部门牵头的,而老旧小区改造是由建设部门牵头的,故要通过建立通畅的协调机制,确保二者工作有序推进,提高改造效率,降低改造成本。

(七)推进全域未来社区建设

杭州城西科创大走廊是一种全新类型的未来社区形态。余杭片区作为其中三大片区之一,其推进实施任重道远。

1.完善建设推进机制

建立全域未来社区建设工作推进机制,发挥未来社区建设试点工作领导小组作用,强化对全域未来社区建设工作的组织领导和统筹协调。由区发改局、未来科技城管委会牵头,会同区财政、建设、规资、民政、科技等相关部门,研究确定全域未来社区项目的申报、实施方案审核备案、政策支持、建设推进、运营管理、考核体系等具体事宜,为全域未来社区建设提供支撑和保障。

2.实行分类分级推进管理

全域未来社区应立足环阿里(未来科技城)创新圈、环南湖创新圈,围绕居住类生活圈、创产类生活圈,按照规划新建、拆除重建、改造提升三大类别,分为领跑型、示范型、基础型 3 个层次,分类、分级推进全域未来社区余杭片区建设,全面打造"园区—社区"融合、社群关系密切、文化开放包容的未来城市典范。

3.强化与科技城建设的联动

突出全域未来社区与大走廊"创新策源地"能级提升的"一盘棋"联动效应,以未来社区建设为牵引,强化综合交通系统优化、新型基础设施建设、精细化社会治理及公共服务扩容提质等系统工程的支撑作用,推动区域内生活空间与创新空间融合迭代,促进生产、生活和谐共生。

(八)鼓励、支持相关产业发展

未来社区建设必将带动数字智慧、绿色装配式建筑、节能环保等一大批新技术落地推广应用。余杭区要抢抓未来社区建设契机,引导企业积极参与全省、全区未来社区项目建设运营,促进关键产品和服务输出,既支持了全区未来社区建设,又扩大了相关产业的市场份额,从而推动行业自身发展。

1.房屋建设相关产业

打造一批工业化、专业化、特色化、智慧化的建筑业龙头企业,支持新型建筑工业化基地建设。鼓励企业研发、应用建筑节能环保新技术、新材料、新产品,对其研究开发费用给予税费优惠,支持区内现代化建筑业企业申报高新技术企业,并按规定享受相关科技创新扶持政策。加大财政金融对区内智能和装配式建筑项目的扶持力度,鼓励企业在工程实践中应用建筑智慧信息模型(Building Information Modeling,BIM)技术。着力培育引进投资决策综合性咨询和工程建设全过程咨询机构,促进多种形式的全过程工程咨询服务专业化、市场化发展。

2.数字经济相关产业

落实全国数字经济先行区建设目标,围绕"三化融合",强化科技创新、数据驱动、平台提升、主体培育、人才服务、环境支撑,大力推动智慧健康、智慧物流、智慧能源、智慧教育、智慧家居、智慧物业等相关产业发展,为未来社区场景配套提供产业支撑。鼓励企业积极加入省、市未来社区产业联盟,以未来社区为载体,拓展以产业链为基础的企业合作,深化产业间融合发展,加大各类资金补助等优惠政策对区内联盟企业的扶持力度,并对参与省级未来社区试点项目的区内联盟企业给予专项奖励。

3.社区服务相关产业

着力引进优质社区服务资源,培育、壮大社区服务业龙头企业,促进社区服务业企业规模化、品牌化、标准化经营。强化产业项目扶持,加大对养老、托幼、家政等社区家庭服务业的税费优惠政策倾斜,设置专项资金,通过以奖代补、指标奖励等方式,对未来社区服务项目给予专项资助。扩大未来社区公益类服务的政府采购范围和力度,拓宽社区服务业发展空间。吸引多主体参与,设立社区服务业政策引导性基金,支持符合社区服务业发展方向的PPP①项目。

_____

　　①　PPP即为Public-Private Partnership的缩写,意为政府方与社会资本方依法进行的合作项目。

六、余杭区未来社区建设的保障措施

(一)加强工作组织领导

参照省市未来社区建立组织领导体制,一是成立区未来社区建设试点工作领导小组,加强对未来社区建设工作的组织领导和统筹协调。建议以常务副区长为组长、分管城建副区长为副组长,由区级相关部门及街道参与,领导小组办公室设在区发改局。二是成立区未来社区工作专班,由其研究确定试点项目及申报、实施方案审核、政策支持、建设推进等具体事宜。建议由分管城建副区长担任召集人,专班分设综合规划组、建设推进组、民生保障组、服务双创组等4个组,分别由区发改局、住建局、民政局、科技局牵头推进。区级相关部门根据职责分工研究制定具体政策措施,分别指导九大场景建设推进。

(二)建立协调推进机制

建立多主体全过程参与决策机制。一是建立区未来社区建设领导小组工作专题制度,充分发挥领导小组作用,及时发现、研究、协调、解决有关重大事项和问题。二是建立专班工作例会制度。利用未来社区项目申报审核工作契机,根据工作需要每月或每周召开未来社区统筹协调专班例会,研究解决试点项目推进中存在的问题。三是各街道、平台单位要建立相应的工作机制,并建立未来社区"一事一议"机制,协调解决难题。四是针对具体项目,建立由政府部门、街道社区、投资主体、小区居民及智库咨询机构等多方主体共同组成的未来社区议事会,在项目推进各决策环节广泛征集意见,集思广益。

(三)加大资金投入力度

在余杭区积极贯彻落实省、市未来社区试点政策。未来社区地块的土地出让金区级留存部分,全部用于未来社区项目建设。对正式命名的省级、区级试点项目,区财政再给予一定的奖励。针对未来社区九大场景建设及运营管理,各相关领域专门制定财政专项支持与补助政策。区财政设立未来社区建设专项基金,广泛吸纳社会资本参与投资管理。鼓励未来社区通过政府推动、企业发起、民间发起等多种途径设立社区发展基金。针对农村未来社区建设,研究制定农村集体资产及家庭宅基地入股未来社区建设的政策。同时,研究制定针对全域未来社区项目的专项政策。

(四)强化工作考核评估

研究制订区未来社区建设及运营综合评价体系,及时发现项目建设及运营推进过程中的问题,不断总结新经验、新成效。建立未来社区项目年度考核制度,对于工作完成较好的街道、平台单位,在全区评优评先、立功竞赛和年终考核中优先予以考虑。对未达到评价指标要求的,取消试点资格,或试点建成后未通过验收的,扣回原奖励;对后期运营不善且评估整改仍不到位的,取消未来社区挂牌资格。根据实际推进情况,对未来社区中长期建设规划进行中期评估或后评估;有必要的,对规划进行修编。

(五)加强舆论宣传引导

全区宣传部门要制定未来社区建设宣传专项方案,及时总结推广成功经验和典型做法,营造各地"比学赶超"的项目实施氛围。发动媒体加大对未来社区有关建设理念、规划计划、典型项目及成功经验的宣传报道。积极引导全社会关注、支持、推动未来社区建设。

(本文写于 2020 年,文中所指余杭区范围为新余杭区与临平区未拆分前的行政范围。本文的创作得到梁靖廷、谢小微、潘琳等同事的指导与帮助。)

杭州高新区扩容方案思路

　　高新区作为城市经济发展的主引擎、产业升级的主力军和技术创新的主平台,承担着推动区域重大发展和改革创新的战略任务。进入"十四五"时期,杭州市迎来争当浙江高质量发展建设共同富裕示范区城市范例的新任务,对杭州高新区在更高水平、更大层面上的提升发展提出了新的要求。

　　当前杭州市各级、各类产业平台虽经历多轮整合却始终整而不合,杭州国家高新技术产业开发区(下文简称"杭州高新区")长期受困于空间要素始终强而不大,因此十分有必要以杭州高新区为主导、全市域共同参与,通过深层次的体制创新、大范围的空间重构和全产业链的结构优化,打造一个战略航母级的产业平台战斗群,以此实现对全市高新产业更高水平上的整合、提升、发展,让"一主二心八副城"的大杭州早日实现共同富裕的奋斗目标。

一、杭州高新区扩容的必要性和紧迫性

（一）杭州高新区已经触碰发展天花板，需要通过空间拓展构筑新的发展动能

作为全国最早一批国家级高新区，杭州高新区经过 30 年的发展，高新产业发展与科技创新能力长期稳居浙江省第 1，是全国 169 家国家级高新区十强之一，2020 年以占杭州市 0.4% 的土地面积，创造了全市 10% 的生产总值，为杭州市经济社会发展做出了巨大贡献。

近些年来，受土地空间制约，杭州高新区虽然做足"螺蛳壳里做道场"功夫，但仍然难以回避经济增速放缓、创新动力不足、可持续发展受阻等诸多问题。如表 1 和图 1 所示，2015—2020 年，杭州高新区地区生产总值、规上企业工业增加值、固定资产投资、财政收入、获授权专利数等多项指标增速呈现下滑态势，尤其是固定资产投资指标部分年份出现较大的负增长。杭州高新区迫切需要寻找新的发展空间，以摆脱目前的发展束缚，跨入新的发展高度。

表 1　2015—2020 年杭州高新区相关指标

指　标	2015	2016	2017	2018	2019	2020
地区生产总值	13.2	14.0	13.2	11.0	8.2	7.2
规上企业工业增加值	17.8	14.9	18.1	17.3	10.7	10.8
固定资产投资	−23.5	26.5	−20.2	16.8	12.1	−9.6
财政收入	16.1	17.7	22.1	12.4	5.9	4.8
获授权专利数	49.8	5.7	11.6	12.6	23.3	27.9

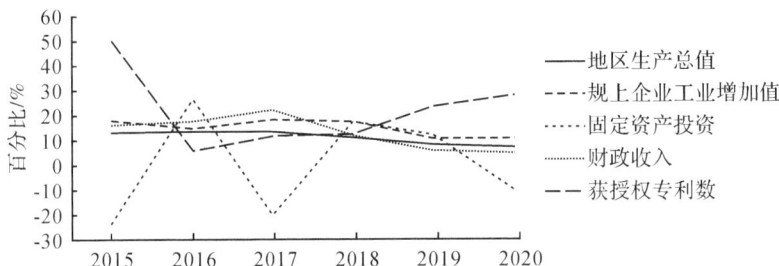

图1　2015—2020年杭州高新区相关指标增长趋势

(二)杭州市产业平台长期整而不合,需要有强有力的"头雁"带动引领

10多年来,基于资源整合、做强做大的目的,杭州市各级、各类产业平台经过多轮调整,现有产业平台(园区)共17个,其中国家级平台6个、省级平台8个、市级重要平台3个,基本形成围绕"一主"、西部县(市)各一园的精简格局,单个平台规模进一步扩大,重要产业进一步向核心聚集,为全市经济发展,特别是高新产业及制造业发展提供良好环境。但相比较于北京、上海、广州、深圳、武汉等城市,杭州各类产业平台中,除少数国家级平台外,其他普遍存在着产业结构不优,创新资源较少,产品高新技术含量不高,缺少位于产业链顶端、掌握关键核心技术的领军型企业等短板,迫切需要像杭州高新区这样的国家级创新平台、国字号金字招牌去带领它们尽快实现转型升级。

同时,杭州市虽经历多次产业平台整合,但依然存在一些深层次问题:一是重整合保留,轻转型淘汰。各地往往重视整合、优化、保留的平台,而忽略需要转型升级或淘汰撤销的低、小、散园区。二是重扩容增量,轻内涵提质。许多平台调整的重心在扩容与调整主导产业上,对产业布局和产业链培育缺乏深入研究。三是重自身发展,轻统筹融合。有些地区只重视自身内部整合,追求"风景这边独好"或小富即安的自我满足,少有"全市一盘棋"的意识,缺乏错位竞争的大局眼光。可以说,出现这些问题的原因,归根结底是各地难以跳出行政区生产总值排名、考核的窠臼,缺乏一个站在全市整体利益上谋划、引领、执行的中坚力量。

(三)全国高新区再掀扩容热潮,规模实力对杭州形成巨大的竞争压迫

全国各地国家级高新区成立之初规模都比较小,其高速成长过程伴随多轮次的扩容行为。据不完全统计,近 5 年来,包括成都、南京、深圳、广州等一批老牌国家级高新区在内,全国有 20 多家大、中型城市的高新区完成了新一轮的扩容。如图 2 所示,成都高新区于 2017 年 4 月一次性托管所属简阳市 483.0 平方千米,面积比之前扩大 2.1 倍;南京高新区于 2017 年最后一次扩容 226.3 平方千米,面积扩大 1.4 倍;深圳高新区一改此前仅有 11.5 平方千米的 30 年不变的现状,于 2019 年

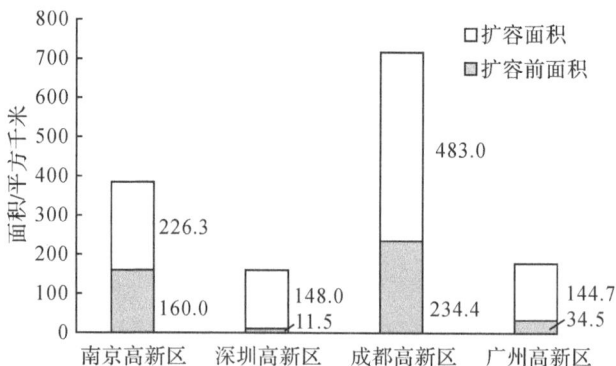

图 2　国内相关城市高新区近年扩容情况

扩区约 148.0 平方千米,面积一下扩容 12.9 倍;广州高新区于 2019 年扩容 144.7 平方千米,面积扩大 4.2 倍。

各地高新区扩容之后,都实现了不同程度的飞跃发展。如南京高新区自 2017 年扩容后,全国综合排名连年大幅提升,从之前的前 30 名提升到 2020 年的第 12 名,尤其是可持续发展能力单项排名上升到全国第 5。深圳高新区扩容后第二年即实现营收 21.4% 的超高速增长,其国际化和参与国际竞争能力更是跃居全国高新区第 1 位。反观杭州高新区如逆水行舟,不进则退,2020 年全国高新区综合排名第 9,比 2016 年、2018 年全国第 3 的历史最高位下降了 6 位;其中国际化和参与全球竞争单项能力名次掉到第 13 名、可持续发展能力名次掉到第 11 名,严重拉低了整体排名。2019 年,杭州高新区虽然进行了"滨富特别合作区"的有益探索,但还是难缓空间压迫之危。

二、国内高新区管理模式的归纳与分析

我国高新区经过 30 多年的发展,在高新区管理体制上主要形成 3 种模式,总的来说,因时而异,各有所长。

模式一:独立运作的高新区管委会

独立运作的高新区管委会模式,即高新区管委会作为政府派出机构,以发展经济为主负责高新区的建设发展。根据"一区多园"①扩容的

---

① "一区":开发区。"多园":在该开发区范围以外,规划建设多种类型的产业园区,并纳入现有开发区集中统一管理。

需要,高新区除了主导经济发展外,还可以就分园的社会管理、公共服务等事务与地方政府进行一定的权利、义务划分。这种方式是早期高新区管理机构采用的基本模式,也是经长期实践证明的经典模式。代表城市如上海张江高新区,目前已扩容到"1区22园",覆盖上海所有行政区,由张江高新区管委会负责推进张江科学城(主园)开发建设,以及对其他分园的统筹协调、综合服务等工作。杭州城西科创产业集聚区虽无"高新区"之名,但其"一总三分"的管理体制和园区布局,实际上也是借用了高新区这一经典管理模式和运作机制,因而成就了今日的辉煌。

模式二:高新区与属地政府合一模式

高新区与属地政府合一模式,即高新区管委会与其所在属地政府按照"一套班子、两块牌子"的方式进行合署办公。这一模式是在独立运作模式基础上的一种变形,目前有较多国家级高新区采取这种模式,如2002年杭州高新区与滨江区政府、2002年苏州高新区与虎丘区政府、2005年广州高新区与原萝岗区政府的合并。这一模式主要形成在高新区高速成长时期,是在高新区管辖范围不断扩张、管理事权越来越多,与其所在地方政府高度重合情况下自然而生的。它有助于高新区开发建设快速推进和产业项目的顺利落地,有效激活高新区与属地政府双方的积极性,形成优势互补、产城融合的发展格局。

模式三:高新区与政府部门合一模式

高新区与政府部门合一模式,即高新区管委会与政府相关职能部门按照"一套班子、两块牌子"的方式进行合署办公。这一模式为数不多,是在独立运作模式基础上的一种变形,其典型代表是深圳市和北京市。其中,2012 年深圳市成立科创委时,加挂深圳市高新区管委会牌子;2021 年 4 月北京市科技委与中关村科技园管委会合署。这一模式最主要的特点是高新区进入高质量发展阶段后,管委会工作重心开始发生转移,即从以往注重开发区开发建设和产业发展等"量"的增加,转移到对科技项目、孵化平台和创新政策等创新创业服务体系构建"质"的提升上来。在这一模式下,高新区、地方政府与分园之间通常建立"双重管理、地方为主"的管理体制。其中,高新区管委会主要负责整个高新区有关规划、政策等方面的统筹协调,各地政府则负责分园具体的建设发展。

三、杭州高新区扩容的体制变革路径

对比国内城市高新区管委会的 3 种代表性模式,我们认为,这 3 种模式各有其特点和所长,是各地适应高新区发展过程中的成功创新实践。反观今天的杭州高新区,现行体制已平稳运行近 20 年,在产业结构优化、知识与技术创新、国际竞争力等方面都达到了国内领先水平,具备在更高、更大层面上提升发展的基本条件,因此当前面临的首要任务就是通过体制创新和扩区扩容,进一步做大、做强。至于未来怎么走,杭州高新区有多条路径可选。

路径一：维持现有"政区"一体体制不变，参照"滨富"模式进行复制推广

路径一，即维持目前杭州高新区管委会与滨江区政府合署办公体制不变，按照"一主多分"架构，以现滨江区为主园，参照杭州高新区（滨江）富阳特别合作区模式，在全市各区（县、市）设置分园，使得杭州国家高新技术产业开发区"一顶帽子大家戴"。

这一路径的好处是有滨富合作成功案例在前，便于操作和快速推广；同时，由"政区"一体的滨江区政府主导扩区行为，其在产业外溢和分园建设方面的积极性、主动性较高。不足之处是，"政区"一体模式下的扩区，其扩展区域通常选择主园周边的邻近地区，以便于经济社会管理的自然辐射和无缝衔接。如果分园多以"飞地"的形式存在，且随着分园越来越多、越来越远，可能会导致滨江区政府行政管理负担加重、运行效率降低。

路径二："政区"分离，参照北京、深圳模式进行"部区"一体化运作

路径二，即将目前杭州高新区管委会与滨江区政府分开，使滨江区政府回归常规的一级行政管辖区，脱离后的杭州高新区管委会则按照行业管理归属纳入市级相关科技职能部门，实行"一套班子、两块牌子"合署办公。新的杭州高新区按照"一区多园"架构进行扩区，其中滨江区可以将其全部或部分区域作为主园，与其他区（县、市）新纳入的分园一并接受市高新区管委会的管理。高新区管委会与属地政府按照"双重管理、地方为主"的原则对分园进行管理。

这一路径的最大好处在于:一方面能充分发挥市级科技部门对高新产业创新创业的巨大推动作用,符合杭州高新区今后追赶北上广深等国内一流高新区,并与之在同等水平上发展的竞争需要;另一方面能最大限度地保护地方政府的积极性,让全市共同富裕之路走得更加顺畅。此外,还能利用杭州国家自主创新示范区这一宝贵资源,让其借杭州高新区平台发挥其实质性作用。不足之处在于,对所合并科技职能部门的综合协调能力要求较高,同时还需要该部门有完整的行政职能和优秀的管理团队作组织保障。

路径三:"政区"分离,借梯登高强强联合回归平台运作传统经典模式

路径三,即将目前杭州高新区管委会与滨江区政府分开,使得滨江区政府回归常规的一级行政管辖区,而脱离后的高新区管委会与现有副市级产业平台管委会合并,实行"一套班子、两块牌子"合署办公。新的杭州高新区按照"一区两核多点"架构进行布局。其中,原高新区滨江区块、城西科创产业集聚区为杭州高新区的东、西"两核",突出彼此之间的合作互补,共同发挥对其他分园的带动作用;其他区(县、市)新纳入的分园作为"多点",主要承接"两核"的辐射,发挥配合作用。市级管委会主要负责制定和实施全市整体政策规划,以及协调"两核"之间合作、"两核"与其他分园之间的输出与承接。至于市高新区管委会与各分园管委会之间的管理体制和管理权限,可根据各地具体情况灵活对待,采取全管、共管或松散管理等不同方式。

这种模式有3个优点:一是提高了杭州高新区的行政级别,确保杭州高新区管委会对全市各部门、各区（县、市）分园的"一统""强统"的协调工作；二是将杭州市产业实力最强、创新资源最优的两大产业平台纳入一个体系，有利于形成强强联合的"1＋1＞2"效应；三是市级管委会与各地方分园管委会之间对经济社会等管理权限视情而定的灵活制度，也有利于促成市、区两级政府各取所需、携手双赢的局面。不足之处在于：现有杭州城西科创产业集聚区本身也是由分属西湖、余杭、临安3个行政区的多个板块组成，届时需要理顺多个区域层级、不同管理体制之间的协调关系。

四、杭州高新区扩容的有关配套机制

调整体制和拓展分园只能解决杭州高新区组织架构方面的问题，因此我们建议，要想真正调动各方积极性，让扩区顺利进行，让新的杭州高新区这个"庞大机器"能够按照既定程序有效运转并带动全市实现共同富裕的目标，还需要有一系列行之有效的配套机制作为"推进剂""润滑油"。

一是构建全市域"一区多园"的空间格局。根据全市域"一主三心八副域"新格局，采取"择优遴选、动态进出、定期申报"的方式，各区（县、市）原则上设置不少于一个分园。其中，"一主"所在地区主要从强链补链、完善功能的角度选择分园，"三心八副域"所在地区主要从提供发展空间、带动地方发展的角度选择分园。

二是建立上下"一盘棋"的普惠制产业政策。梳理散落在全市各部门、各区（县、市）的有关高新产业发展的税收、扶持资金、产业目录、人才引进等政策,在"一区多园"的框架下,由杭州高新区管委会制定统一的产业政策,形成全市各部门政策合力,取消各区(县、市)"地方粮票"。

三是实现线上线下联动集成为企业服务的模式。继续发挥杭州市"最多跑一次"改革、城市大脑数智化管理的优势,赋权杭州高新区直批事项,通过多证合一、审核合一、网上全流程登记等举措,简化流程,提升效率,实现办事不出高新区,打响杭州高新区"以营商环境招商,以优质服务留人"的口碑。

四是推进运营管理主体的公司化改革。适应市场化、专业化、国际化发展趋势,积极推进杭州市高新区管委会、服务中心等管理、运作机构的企业化改革。选择具有国资背景的投融资平台公司长期、深度参与杭州高新区的投资建设和产业扶持,支持其做大、做强。

五是构建市区两级互利共赢的利益机制。按照共建共享、区内锁定的原则,建立市政府与各区(县、市)之间、市高新区管委会与各分园管委会之间在有关经济社会管理、经济统计、土地及税收收入等方面的分配、管理、使用制度。充分发挥考核指挥棒的作用,在市级层面对滨江分园、城西科创产业集聚区分园重点考核其溢出效应和带动作用,对其他分园则侧重考核经济增速、产业承接和自身结构优化,对区(县、市)政府重点考核其对属地分园的配合与服务。

(本文写于 2021 年。本文的创作得到桂炜、梁靖廷 2 位领导的指导与帮助。)

第二编

城市产业升级

提升发展杭州临空经济示范区

随着经济全球化不断推进,当前航空运输正以其约占全球货物贸易0.5%的运量和36%的货值,推动着机场枢纽及其临空经济区逐渐成为地方产业融入全球经济体系的关键链节点和拉动腹地区域经济发展的重要增长极。在构建国内国际"双循环"新发展格局的大背景下,2020年8月,国家发改委和民航局印发《关于促进航空货运设施发展的意见》,吹响全国航空货运领域"补短板"的新号角。2021年2月,国务院批复《虹桥国际开放枢纽建设总体方案》,进一步打响了我国以"空港枢纽+开放平台"强化双循环节点功能的揭幕战。2021年6月,杭州市委、市政府印发的《杭州争当浙江高质量发展建设共同富裕示范区城市范例的行动计划(2021—2025年)》提出,深化杭州国家级临空经济示范区建设,打造长三角南翼空港经济中心和国家对外开放大平台。作为浙江省对外"第一门户枢纽"的萧山国际机场及其所在的杭州临空经济示范区,应当在杭州乃至全省高端产业引领、开放平台带动等方面发挥更加重要的作用。

笔者经过深入调研认为:作为"双循环"天然连接点的萧山国际机场及其所在的杭州临空经济示范区,当前正迎来转型发展、加速提升的关键时期,迫切需要抢抓机遇,以时间换空间,尽快完善空港枢纽功能,做大、做强临空经济,将杭州临空经济示范区打造成为杭州对标上海虹桥枢纽的对外开放主平台,不断提升杭州市乃至浙江省在全国构建国内国际"双循环"发展新格局中的地位。

一、现状与挑战

(一)萧山国际机场客流量稳步攀升,货物运输量高速增长,在全国枢纽机场中的地位持续巩固

基于杭州乃至浙江经济的活跃与发展,近 10 年来,杭州萧山国际机场无论是旅客量还是货邮运输量,都一直呈现上升势头,稳居全国机场前 10 名。其中,货物运输依赖全省电子商务和外向经济的优势,发展尤其迅速,在长三角南翼乃至全国枢纽机场中的地位越来越突出。据统计,近 5 年萧山国际机场货邮吞吐量年平均增速为 13.6%,高出全国平均水平 10 个百分点,2016 年、2019 年实现两连跨,2020 年,全国排名从第 7 上升到第 5。2020 年更是在全球疫情影响下逆势上扬,以16.2%的高增速创下 80.2 万吨的历史新高,成为继北上广深四大国际枢纽机场之后全国第五大区域枢纽机场。具体情况如表 1 所示。

表 1　2011—2020 年萧山国际机场客货运吞吐量发展情况

指　标		2011	2012	2013	2014	2015	2016	2017	2018	2019	2020
客运	运量/万人次	1751	1911	2211	2552	2835	3159	3557	3824	4011	2822
	运量排名	10	10	10	10	10	10	10	10	10	10
	年均增速/%	14.2	9.2	15.7	15.4	11.1	11.4	12.6	7.5	4.9	−29.6

指　标		2011	2012	2013	2014	2015	2016	2017	2018	2019	2020
货运	运量/万吨	30.6	33.8	36.8	39.9	42.5	48.8	59	64.1	69.1	80.2
	运量排名	7	7	7	7	7	6	6	6	5	5
	年均增速/%	8.1	10.5	8.9	8.4	6.5	14.8	20.9	8.6	7.8	16.2

资料来源:浙江萧山国际机场集团有限公司。

与此同时,运量的持续大幅上涨,也带来了萧山国际机场各项设施的满负荷运行,尤其是去年(2020年)80万吨的货邮进出更是对现有按60万吨承载量设计的货站和通道等设施提出了极大的挑战。为此,机场正在抓紧实施三期扩建工程。其中,2个大型货站项目(年吞吐量60万吨的国际货站、100万吨的国内货站)已经开工建设,预计2023年建成投用后,较长时期内将不再受到货物流量限制。2020年9月,中国民航局批复给萧山国际机场的新一轮总体规划中提出,要加大萧山国际机场航空、货运设施投入和货运航班的配给,以达到2030年180万吨、2050年360万吨的货邮吞吐量目标。如果说"十三五"以前,萧山国际机场处在以客运为主的单引擎驱动发展时期,那么进入"十四五"以后,便迎来了实现货运迎头赶上、客货两翼齐飞的发展新局面。

(二)临空经济示范区基础条件优越,示范区与机场相辅相成,已经进入临空经济高速发展时代

根据国内外发展实践,民用运输机场发展通常经历运输内容多元化及运输能级逐步提升的4个发展阶段;与之相对应,其机场所在的空港经济区也随之形成产业逐步集聚、功能不断迭代的4种发展形态,以

纽约机场为例,如图1所示。总体对照来看,我国航空运输起步和发展滞后国外近30年,国内机场和空港经济区目前绝大多数还处在第二阶段。但是杭州萧山国际机场得益于长三角经济先发优势,目前显然已经完成第二阶段"客流为主、以客带货"的发展积累,正处于向"客货并举"的第三阶段迈进的关键时期。与此同时,与萧山国际机场形成重要依存关系的杭州临空经济示范区,理论上也将从以服务支撑机场运行为特征的第二代空港经济区,向以经济区与机场共生发展为特征的高级别第三代空港经济区演进。

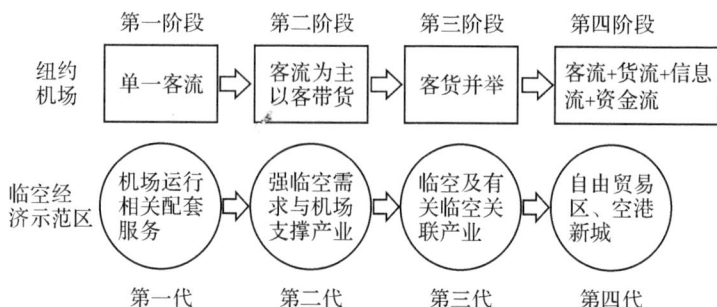

图1　国外机场与空港经济区迭代演进趋势

综观杭州临空经济示范区的发展历程:2000年,萧山国际机场建成通航;2009年,杭州空港经济区成立;2017年,以空港经济区为主体的杭州空港经济示范区设立;2020年,杭州临空经济示范区实现生产总值346.6亿元,三次产业比重为5.1∶42.9∶52.0,临空物流服务业主营业务收入为109.8亿元,临空及关联制造业增加值为87.8亿元,且2项指标近5年平均增幅都在10%以上,已经形成航空服务、跨境电商、临空物流、临空制造等临空产业快速增长的发展态势。从周边环境来看,杭州临空经济示范区依托萧山国际机场这一全省最优对外开放资源，叠加"中国(浙江)自贸区杭州片区""中国跨境电商综合试验区""中国快递产业示范基地"等多张国家金名片，周边再拱卫钱江新区、杭州经济技术开发区、萧山经济技术开发区等重大产业平台，发展条件十分优越，发展前景分外美好。

(三)机场与临空经济区潜力远未充分释放，还有许多内在问题待解决，各种外部压力需化解

表 2 对比了 2019 年长三角与珠三角主要机场的吞吐量。

表 2　2019 年长三角与珠三角主要机场吞吐量对比

机场群	国际机场名称	客流量/万人次	货邮量/万吨	起降架次/万次	备注
长三角机场群	上海浦东国际机场	7615.3	363.4	51.2	两大区域主要机场在其所在机场群中处于绝对主导地位，其合计客流量占整个地区80%以上，合计货运量占90%以上(为避免2020年新冠肺炎疫情特殊影响，机场吞吐量采用2019年数据)
	上海虹桥国际机场	4563.8	42.4	27.3	
	杭州萧山国际机场	4010.8	69.0	29.1	
	南京禄口国际机场	3058.1	37.4	23.5	
	合计	19248.0	512.2	131.1	
珠三角机场群	香港国际机场	7150.0	480.0	42.0	
	广州白云国际机场	7337.8	192.0	49.1	
	深圳宝安国际机场	5293.1	128.3	37.0	
	合计	19780.9	800.3	128.1	

资料来源:《2020 中国空港经济区(空港城市)发展蓝皮书》。

由表 2 可知,萧山国际机场货运业务还有很大的发展空间。从区域对比来看,无论是地理格局、人口规模还是经济发展水平,长三角与珠三角总体相当,但在机场货邮量指标上,长三角落后于珠三角近 300 万吨。具体到杭州,2019 年萧山国际机场货邮吞吐量为 69.0 万吨,只相当于广州白云国际机场的 35.9%、深圳宝安机场的 53.8%。因此,从市场需求角度来说,长三角航空货运市场广阔,萧山国际机场未来货运业务潜力巨大。但与此同时,萧山国际机场也面临着巨大的竞争压力:

一是基于成本和时间综合比较,铁路、公路运输对萧山国际机场 1000 千米腹地范围内的航空物流有明显的替代效应。

二是由于航线多、航班密、运力大、补贴高等多种因素,以上海浦东国际机场为首的外地机场抢占了浙江地区大量航空物流业务。

三是新建鄂州、嘉兴货运机场未来将分流萧山国际机场现有业务。其中:由顺丰航空公司投资的湖北鄂州专业货运机场已经在建,计划于 2025 年建成,预计 2030 年货邮吞吐量达到 245.2 万吨;由圆通航空公司投资的浙江嘉兴航空物流机场项目也已开工建设,计划 2024 年建成,预计 2030 年吞吐量达到 110 万吨。而顺丰、圆通目前正是萧山国际机场最主要的两大航空物流提供商。因此,一旦这两大机场投运,必将分流萧山国际机场顺丰、圆通公司现有的业务,甚至会导致整个华中、华东地区航空货运市场的重新洗牌。

从外部对比来看,杭州临空经济示范区的发展形势也不容乐观。根据《2020 中国空港经济区(空港城市)发展蓝皮书》(2018 年统计数据),杭州临空经济示范区综合竞争力排名全国第 10(见表 3),与当时萧山国际机场旅客运输量全国排名相同,比货物运输量全国排名落后 4 位。在构成综合竞争力的 4 项指标中,空港经济指标得分较高,其他枢纽机场、腹地经济、交通系统这 3 项指标得分较低。

表3 2018年长三角与珠三角主要机场空港经济区发展对比

经济区	国际机场名称	综合竞争力排名	综合竞争力/分	枢纽机场/分	空港经济/分	腹地经济/分	交通体系/分
长三角空港经济区	上海浦东国际机场	3	81.8	25.0	16.8	25.0	15.2
	上海虹桥国际机场	2	82.9	9.3	28.6	25.0	20.0
	杭州萧山国际机场	10	52.4	9.7	26.6	9.1	7.0
	南京禄口国际机场	13	46.2	7.1	20.2	7.6	11.4
珠三角空港经济区	香港国际机场						
	广州白云国际机场	4	77.5	19.1	30.0	14.3	14.1
	深圳宝安国际机场	7	64.9	13.4	19.8	16.4	15.2

资料来源:《2020中国空港经济区(空港城市)发展蓝皮书》。

注:综合竞争力、枢纽机场、空港经济、腹地经济、交通体系的总分分别为100分、25分、30分、25分、20分。

各项落后指标具体分析如下:第一,枢纽机场指标主要评价机场客货吞吐量与飞机起降架次。该指标满分为25分,而杭州萧山国际机场仅得9.7分,排名第8,充分反映了杭州与北上广深一线城市之间的巨大差距,以及与其他城市之间竞争的激烈程度。第二,腹地经济指标主要评价所在城市的生产总值、社会消费品零售总额、利用外资额、进出口总额以及常住人口数等。该指标满分为30分,而杭州萧山国际机场仅得9.1分,情况与枢纽机场指标类似。第三,交通体系指标主要评价区内公路、轨道、铁路、港口等其他交通方式配套情况,总分为20分,而杭州萧山国际机场仅得7.0分,全国排名第31。究其原因,主要是

2018 年杭州萧山国际机场及其周边缺少轨道、铁路和港口等配套设施。枢纽机场与腹地经济这 2 项指标提升与城市能级和地位相对应,需久久为功;交通体系指标待 2022 年杭州亚运会举办后,将有明显改善。

从示范区内部发展看,主要存在 3 个问题:

一是物流产业航空属性不足。区内现有大大小小物流企业 30 多家,但以航空物流为主营业务的仅有顺丰航空、圆通航空和机场物流 3 家。

二是非临空产业"腾笼换鸟"任重道远。2020 年,示范区临空与非临空产业增加值的比值为 35.4∶64.6,传统的纺织化纤、装备制造仍然是区内主导产业。

三是区内城市建设发展滞后。目前,示范区整体还是以农村形态为主,道路、公共服务等基础设施配套还比较落后,尤其是区内城市道路物流通过能力严重不足。如:机场北侧的红十五快速路目前已趋于饱和,东侧早已规划的保税大道南延线、南面的机场东路等工程迟迟未能实施,导致机场物流园区周边道路货车堵塞现象频发。

二、思路与策略

(一)发展思路

笔者认为,在当前全球新冠肺炎疫情形势下,我国航空运输业迎来了以货补客、货运加速发展的重要机遇期;同时,在国际长期经贸摩擦环境下,我国临空经济也面临突破贸易壁垒、走出外循环困境的重要考验期。在这种形势下,谁能抢占先机、变危为机,谁就能取得先发优势、立于长久不败之地。

为此,杭州萧山国际机场与杭州临空经济示范区要站在引领全市对外开放新局面、打造全省双循环新节点、突破全球新冠肺炎疫情与经贸摩擦长久困境的战略高度,扬长避短、审时度势、抢抓机遇、顺势而为,通过构筑自主可控、安全可靠的航空物流支撑体系,培育高度关联、高能积聚的临空产业集群,建设要素自由流动、功能高端完备的城市发展新空间,不断提升杭州萧山国际机场在长三角乃至全国的国际枢纽地位,尽快树立示范区在杭州"一带五星"对外开放大走廊中的龙头形象,助力杭州市乃至浙江省在参与国内国际"双循环"发展中发挥更大的作用。

(二)发展策略

基于杭州萧山国际机场和杭州临空经济示范区内外各方的优、劣势,笔者认为,杭州市完全可以采取跨越式发展战略,即"四步并三步走",推动杭州萧山国际机场直接从"客流为主、以客带货"的第二阶段向"客流＋货流＋信息流＋资金流"的第四阶段平行进发,临空经济示范区直接从第二代"临空产业高速发展"向第四代"自贸区、空港城"形态跨越发展。具体到机场、示范区和空港新城,分别采取以下发展策略。

——抢抓机遇,客货并举。杭州萧山国际机场要抢抓嘉兴机场、鄂州机场建成前的短暂窗口期,做好长期应对新冠肺炎疫情可能导致旅客封控的准备,大力发展航空货运尤其是国际货运业务,强化客货流量等各种信息数据集成共享,不断优化机场运输结构并提升其综合实力,加快形成以萧山国际机场为核心、以嘉兴机场为重点、以宁波和温州等地机场为补充的长三角南翼航空货运网络格局。

——物流先导,临空为主。杭州临空经济示范区要以强化对杭州萧山国际机场物流服务支撑和全省产业辐射带动为目标,加快产业结构转型和规模实力提升,积极发展临空经济和外向型经济,推动形成以航空物流产业为先导、以临空经济为重点、各种高端产业积聚和要素自由流动的杭州市对外开放主平台。

——场区联动,产城融合。杭州空港新城要坚持一体化发展、共生共荣的原则,统筹机场、示范区和新城建设;按照未来城市理念,加快完善城市功能,塑造独特城市形象,提升城市治理能力,高质量打造城市发展的新空间,全面推进临空经济示范区从传统农村形态向国际化、现代化空港新城跨越。

三、举措与保障

(一)全力支持萧山国际机场扩大货运业务

一是扩容航线航班资源。以东南亚、"一带一路"等贸易伙伴国家和地区为重点,联合企业向国家争取更多、更优的货运航权、航线、航班,增强杭州萧山国际机场作为国际枢纽的核心竞争力。

二是强化对重点项目的服务和保障。加快推进机场三期工程建议,力争国际、国内两大货站项目早日建成使用。按照"一事一议"的原则,加大对顺丰航空、圆通航空公司的服务和支持力度,提高其对杭州萧山国际机场的依赖度和杭州市场的发展信心。

三是不断优化地面服务和配套设施。满足货物通关流量与品类不断增加的需求,争取海关、国检对机场的最优服务支撑。合理调配机场客货运之间有关人员、停机坪、航班时刻等重要资源,进一步降低全货机的起降费、停场费。不断通畅空地、空空物流中转衔接,积极推动空铁(高铁、地铁)联运。加快完善机场周边货物集输运道路网络,有效疏解区域非航空物流交通流量。

四是积极拓展货源货量。通过第五航权争取,努力增加空空国际中转业务比重。加大杭州萧山国际机场城市货站在全省各大产业平台的网络密度,加强与省内其他机场、宁波舟山港等之间的物流合作,提高外部输供能力。

五是加大航空物流政策扶持力度。通过建立省、市、区三级航空货运补贴分摊机制,重点加大对新开货运航线、货运宽体飞机、浙江对外重点货运专线、浙江对外重要经贸产品等补贴力度,支持航空公司增加在杭运力投放,鼓励航空货代公司在杭完成集货。

(二)努力提升航空物流行业综合实力

一是引进培育更多航空公司。进一步支持顺丰、厦航、国航、申通等基地航空企业扩大业务规模,加快促进浙江长龙航空公司等本地航空公司发展壮大,积极引进联邦快递、UPS[①]快递、国货航、中货航等国内外一流航空公司。

二是集中发展优势物流业务。按照取长补短、服务本地、差异化发

---

① UPS,为 United Parcel Service 的缩写,即美国联合包裹运送服务公司。

展的思路,重点围绕国际快件、跨境电商件、邮品件以及医药、冷链等特殊货品,引导区内物流代理、仓储和运输企业进一步聚焦或转型发展。

三是组建航空物流产业联盟。利用浙江省数字经济先发优势和数字化改革契机,整合覆盖商品货源、地面网络、机场枢纽、空中通道等全业务链各个环节,包含航空公司、物流代理、运输仓储、海关国检、保税区、机场、临空经济区等全产业链各方主体,组建杭州航空物流产业联盟,搭建全行业综合信息共享服务平台,提高联盟市场议价能力和内部运转效率。

(三)加快推动临空产业突破发展

一是聚焦临空产业发展方向。按照临空先导、体现特色的原则,重点发展航空物流、航空总部、航空金融、跨境电商、临空制造、会议会展等产业。加快空港综合保税区申建工作,积极发展保税加工、保税检测、保税仓储、保税电商、保税贸易等多元业务。

二是提升临空产业能级。按照"优地优用、补链强链"的原则,积极引进临空经济相关头部企业、重点行业、新兴业态、产业链关键环节到示范区发展。

三是推进非临空产业"腾笼换鸟"。加强示范区与萧山区、钱塘区以及杭绍临空经济一体区的合作,推动示范区内非临空产业、传统产业转型发展,或向周边地区转移。

(四)高起点建设空港新城

一是完善城市功能。按照未来城市建设要求,全面启动区内基础设施、公共服务设施、商业设施、居住社区以及生态、人文、景观等城市软硬件建设,突出空港特征塑造和开放人文营造。

二是突出数字城市建设。按照全省数字化改革的总体要求,加快推进空港新城数字化改革各项工作,打造数据更畅通、流程更简捷、运行更高效的"智慧机场"。

三是营造国际化人居环境。高水平建设一批国际化社区,积极引进国际学校和国际医院,推进公共服务领域和公共空间的国际化标准管理和多语种服务。

(五)强化示范区建设体制机制保障

加快推进杭州临空经济示范区管委会实质性运作,加大管委会统筹协调力度,完善经济社会各项管理职能。按照"省市支持、萧山为主"的原则,争取部分省市审批事项权下放到示范区,做到办事不出区。加强对《全面深化服务贸易创新发展试点总体方案》和《虹桥国际开放枢纽建设总体方案》等国家政策的解读,充分利用自贸区、跨境电商示范区、快递示范基地等国字号招牌,围绕人才、资本、招商、土地、规划、项目、营商环境等政策制度,积极向上争取,大胆先行先试,打造杭州市对外开放制度高地。同时,加强对以机场轨道快线为轴线,串联临空经济示范区、钱江世纪城、钱江新城、东站商务区、西站云城等重要节点,东西横贯杭州市区的"一带五星"对外开放大走廊的整体谋划,助力这条开放巨龙的"龙头、龙身、龙尾"前后呼应,聚力腾飞。

(本文写于2021年。本文的创作得到曹玉进、梁靖廷、李莹、马楠等领导与同事的指导与帮助。)

提升杭州火车东站枢纽功能

"十四五"时期,杭州市迎来构建国内国际双循环发展新格局、长三角一体化纵深推进、杭州大都市区加快建设、承办亚运会等重大战略机遇。作为"融长接沪"的桥头堡、亚运盛会的迎宾站,杭州火车东站地区在发挥杭州城市功能和提升城市形象中占据十分重要的战略地位,理应在提升杭州城市综合能级和核心竞争力方面发挥更大的支撑作用。面对当前稍显落后的发展态势,杭州市发改委和上城区政府共同谋划,认为杭州火车东站地区迫切需要抢抓机遇,奋起直追,围绕长三角南翼站城融合的综合性枢纽总体定位,聚焦重要窗口展示门户、实体经济商务平台、数字商贸体验街区、多元人才服务驿站四大特色功能,全力提升东站地区在杭州市乃至长三角南翼中的作用和地位。

一、现状基础

(一)处于重要战略机遇期但功能定位比较模糊

随着京津冀城市群、长三角城市群、粤港澳大湾区等国家重大区域发展战略先后部署,我国进入由中心城市引领发展的新时代。在深入推进"一带一路"建设、全面构筑国内国际双循环新格局的关键时期,杭州围绕建设全国数字经济第一城、数字治理第一城的重要目标,着力搭好"东整、西优、南启、北建、中塑"发展大平台。杭州火车东站地区就是"东整"的重要板块之一。但是,由于发展粗放,杭州火车东站地区还没有形成适应当前新发展形势、持之以恒发展的主导功能和清晰目标。相对于香港西九龙站成功在地铁站上建新城、上海虹桥交通枢纽叠加国际贸易功能,杭州火车东站还需要进一步梳理发展思路,聚焦发展方向。

(二)交通区位优势突出但溢出综合效益不明显

杭州火车东站主体位于上城区彭埠街道,毗邻城东新城、艮北新城、钱江新城等重要板块,是杭州城市东扩的热土。周边杭甬高速、九堡客运中心,以及地铁1号、4号、6号、9号线,形成多维完善的内外交通体系。但是,由于前期单一交通功能设计定位,杭州火车东站与周边地区发展耦合联动性不强,区内经济社会发展水平不高,没有形成与东站枢纽地位相匹配的外部辐射带动作用。据统计,2019年,杭州火车东站所在的彭埠街道共有产业类项目楼宇24座,总建筑面积达198万平方米,楼宇招商入驻率约为80%,经常性税收为21377万元,仅占整个彭埠街道经常性税收的20.3%,楼宇企业税收贡献仅为430元/平方米,与杭州钱江新城、武林商圈、黄龙商圈等差距较大。相较于国内外成功案例,如伦敦国王十字车站从一座工业遗产转向伦敦经济新地标的华丽蝶变,杭州火车东站亟待进行功能重塑,增强枢纽经济效应。

（三）历史人文资源丰富但城市形象不突出

杭州火车东站所在的彭埠，最初是古海塘边的一个船埠头，辖区内的土备塘（内海塘）和外海塘（沪杭公路）是保护古老杭城免遭水患的屏障。彭埠凝结着千年来劳动人民改造自然、乐观生活的智慧与精神，充满了市井风情与生活气息的人间烟火。但是，受多主体管理体制和粗放式发展方式的影响，目前杭州火车东站区域的城市形象与其浙江门户地位还有很大差距，区域特色、杭州元素较少，能让来往乘客游人留下来走一走、看一看的去处不多。对比国际成功案例，如纽约中央火车站新打造的开放空间和天空之环游人如织，杭州火车东站地区亟待加强城市历史人文与建筑形态方面的标志性规划设计。

二、发展思路

（一）指导思想

全面贯彻落实长三角一体化发展的国家战略，浙江省率先形成双循环发展新格局，助力杭州国际化大都市建设，服务保障亚运会顺利举办，按照展现浙江重要窗口中杭州"头雁"风采的要求，坚持综合性枢纽的基本定位不动摇，以杭州城东新城为核心，统筹周边发展区域，通过抢抓机遇、厚植优势、聚集人气、重塑形象，加快聚焦产业业态、完善服务功能、提升城市风貌、优化人文环境，不断助力杭州提升大都市综合能级和长三角区域地位，使杭州火车东站地区成为全国现代化大城市中枢纽新城建设的新范例。

（二）发展定位

按照综合性枢纽的基本定位,赋予新发展内涵,突出发展重点,全面塑造杭州火车东站地区"一枢纽四特色"的新定位。"一枢纽",即长三角南翼站城融合的综合性枢纽这一总体定位;"四特色",即重要窗口展示门户、实体经济商务平台、数字商贸体验街区、多元人才服务驿站四大特色功能。

——总体定位:长三角南翼站城融合的综合性枢纽。依托杭州火车东站交通枢纽和省会城市首位度优势,强化以站建城、以城兴站的发展理念,以交通为基础,以经济为纽带,以人才为支撑,进一步完善枢纽门户功能,提升枢纽经济功能,强化人才支撑功能,服务借力大上海,辐射带动长三角,将东站地区打造成为长三角南翼规模最大、动能最强的综合性枢纽,不断增强杭州火车东站地区在长三角南翼的枢纽作用,持续增强杭州作为重要窗口的硬核实力。

——特色功能一:重要窗口展示门户。按照站城有机融合、经济社会统筹推进的理念,与未来城市建设目标相一致,成为与火车东站区域交通枢纽地位相匹配,彰显上城人文地理特色、杭州"头雁"风采形象、浙江重要窗口元素,国内外旅客来访杭州的舒适会客厅和了解浙江的集中展示窗。

——特色功能二:实体经济商务平台。叠加区域商务成本适中优势,以服务浙江块状经济发展、长三角南翼制造业转型升级为宗旨,以企业总部、商务中介、创业孵化等为重点业态,强化区域辐射带动作用,形成"大气但不奢华、优质但不昂贵"的浙江民企总部集聚高地、长三角南翼高性价比商圈,与钱江新城 CBD、黄龙商圈等相互呼应、错位发展。

——特色功能三:数字商贸体验街区。与杭州市建设国际消费中心城市目标相一致,依托区内丰富的传统商贸和跨境电商资源,满足本地市民和国内外旅客购物、休闲的需求,以"数字+体验"为特色,以传统市场、货贸街区、跨境电商、会议会展为重点业态,形成与湖滨商业街、武林商业街差异化发展,特色鲜明的杭州市传统商贸数字化转型的成功典范,零售商业体验式消费的示范街区。

——特色功能四:多元人才服务驿站。依托高铁网络,服务浙江全省,坚持"蓄水池"和"中转站"双向驱动,使人才公共服务、中介服务、居住生活、创新创业等各类资源高度集聚,使科技人才、管理人才、大学生创业人才和蓝领骨干人才等国内外人才多维覆盖,成为长三角南翼服务功能最全、服务对象最广、服务人员最多的人才服务综合平台和中转驿站。

三、对策建议

(一)实施城市更新工程,全面服务保障亚运会

抢抓 2022 年亚运会举办契机,高水平开展新一轮的城市规划设计,建设一批标志性建筑楼宇,设计一批网红景点,实施一批亮化、绿化工程,完善核心区慢行交通系统,彻底解决火车东站人车进出引导问题。围绕服务亚运目标,做好基础设施、公共服务设施和商贸项目建设工作。

(二)聚焦重点产业发展,强化集聚辐射作用

遵循产业梯度转移和产业要素集聚扩散规律,主动承接上海产业溢出效益,积极引导浙江省各行业龙头企业将研发、设计、销售、财务、人事等总部机构入驻区内,完善会计、律师、担保、基金、孵化器、创业中心等产业支撑要素和创新平台。根据产业发展方向,加快业态"腾笼换鸟",统筹楼宇招商资源,探索长三角地区城市间"楼宇飞地"合作模式。

(三)汇聚名优特色商品,一体化呈现新消费模式

配合亚运会、中国国际进口博览会(下文简称"进博会")、"双 11"等重大活动,重点吸引国际品牌商家、浙江名优特产、杭州老字号等入驻,一体化呈现"24 小时直播＋电商""365 天门店＋会展""线上交易＋线下体验""购物＋休闲"等新贸易、新消费、新休闲模式。在杭州火车东站内,提供市内购物、站内取货、航班值机、行李托运等便利化服务。在"一街一中心",争取实行国家保税区电子围栏监管、进口商品"即买即退"的政策。

(四)加强多元人才供给,构建区域人才服务网络

整合区内人才公共服务、人才公寓、创业孵化等公共平台资源,吸引人才信息服务、猎头、招聘等国内外专业机构入驻。实现长三角区域内人才互认,并为其提供进出车站、临时休息、商务会谈等便利化增值服务,形成基于高铁网络的长三角南翼全产业链、全生命周期的人才服务网络。

(五)谋划一批重大项目活动,打响品牌知名度

加快"一街一中心"项目建设,谋划杭州市数字经济博物馆、杭州市涉外公共服务中心、新杭州市人才大厦、杭州火车东站游客集散中心、温州发展大厦、衢州发展大厦等引领性项目。筹建杭州都市圈城市高铁新城联盟,举办上海"进博会"杭州片区分会、中国(杭州)全球数字贸易博览会、中国(杭州)数字人才大会等大型活动。

(六)完善体制机制,加强统筹协调

在杭州火车东站地区建立统筹协调机制,提高协调层级。适当扩大区域覆盖范围,将紧邻的艮北新城、钱江新城二期等周边区域作为统筹区进行统一规划。建立区内各板块之间、各主体之间有关规划、招商、项目等协同机制。将杭州火车东站地区发展纳入杭州市"十四五"规划纲要和亚运会保障项目。

(本文写于 2021 年。本文创作得到曹玉进、梁靖廷 2 位领导的指导与帮助。)

发展通用航空产业　培育旅游新业态

通用航空产业是指通过航空设计研发、制造、飞行活动及维修、保养、培训、中介、保险等为其提供服务保障的企业、机构及其经营活动的集合。通用航空产业涉及范围十分广泛,与国民经济建设和社会发展紧密联系,是一个朝阳产业,将成为未来投资消费的热点。《浙江省通用机场发展规划》明确指出,到 2030 年全省将建成 80 个以上通用机场。作为国家首批低空开发城市之一,杭州具有发展通用航空产业的巨大潜力和优势。为此,笔者进行专题研究,建议杭州市抢抓机遇、突出重点,率先发展商务飞行和旅游观光项目。

一、通用航空高端旅游产业前景与国内外发展现状分析

从国际经验来看,在航空产业成熟地区,通用航空产业是其中发展最为迅速、市场最为活跃的领域之一;从投入产出效益来看,每向通用航空产业投入 1 万美元,10 年后可以产生 50 万—80 万美元的收益;从带动就业来看,通用航空的带动比是 1：12。

（一）通用航空产业发展的国外经验

通用航空在欧美发达国家一般经历过政策扶持、技术创新、人才培训、通用航空文化培养等发展阶段。美国是目前通用航空产业和市场最活跃的国家,有通用航空飞机 22.4 万架、机场 1.9 万个、飞行员 75.5 万名。其中,近 60% 的通用航空飞机为私人拥有,5 万架以上的飞机由个人或企业用于商务飞行业务。根据美国公务航空协会的统计,美国通用航空产业每年创造的经济价值达 1500 亿美元,对 GDP 贡献率达到 1%,并呈现加速发展的态势。除美国之外,加拿大、德国和英国也是通用航空发展程度较高的国家。与美国的发展模式不同,德国主要致力于发展急救医疗等公共服务产品。德国拥有世界上最密集、最完善的空中急救网络,其每个紧急救援点负责 50—70 平方千米的地区,一旦有事故呼叫,可在 15 分钟之内到达。在德国,该行业的企业毛利超过 400%,属社会效益和经济效益双高的行业。

（二）国内发展现状

2010 年 11 月,国务院、中央军委发布《关于深化我国低空空域管理改革的意见》,提出用 5—10 年时间有管制地分步开放 1000 米（含）以下和 4000 米（含）以下的低空空域,首次确立了深化低空空域改革的总体目标、阶段目标和主要任务。目前,第一阶段目标已经实现,即 2011 年前完成在沈阳、广州飞行管制区的试点工作,第二阶段目标于 2011 年开始实施,计划用 5 年时间扩大试点建设,启动"两大区七小区",即沈阳、广州管制分区,以及西安、唐山、青岛、杭州、宁波、重庆、昆明 7 个管制分区。2012 年公布的《国务院关于促进民航业发展的若干意见》给我国通用航空产业发展提出了具体目标:到 2020 年,通用航空要实现规模化发展,飞行时间总量达到 200 万小时,年均增长 19%;到 2030 年,我国将形成布局合理、规模适宜的通用航空机场和通勤机场结构,建立功能齐全的通用航空服务体系,作业范围基本覆盖所有县级行政单元。

由于"松绑"政策陆续出台,近几年,国内通用航空产业规模一直保持着两位数的增长,但与发达国家相比差距依然明显。截止到 2013 年底,全国通用航空共完成生产作业飞行 52.98 万小时,获得通用航空经营许可证的通用航空企业 189 家,通用航空机队在册航空器总数 1654 架,其中教学训练用飞机 328 架。在作业时间、企业数量、机队规模、从业人员、机场数量等五大发展指标上,美国分别大约是我国的 470 倍、8 倍、200 倍、100 倍和 70 倍。与世界上其他主要国家相比,我国的通用航空飞机保有量仍然很小。

(三)国内城市竞争态势

在我国的北京、桂林、三亚等旅游城市已经形成以城市和景区空中观光为核心的示范项目。杭州周边许多地区也在积极布局通用航空产业。

北京依托北京密云机场低空旅游示范基地(全国首个低空旅游示范基地),将平谷、密云、延庆打造成低空旅游示范基地。北京低空旅游市场已进入初步发展阶段,目前有 6 条低空旅游产品,人均价格在 1000—2700 元不等,定位为中高端市场。其中,八达岭线路有 2 条,"鸟巢""水立方"线路有 2 条,密云水库线路有 2 条。

桂林重点建设桂林·兴安航空旅游产业城项目。该项目围绕桂林国际旅游胜地建设,以桂林独特的自然山水风光为依托,发展固定翼小型飞机和直升机航空旅游休闲,飞行驾驶培训,私人飞机代管、维护和保养等业务。同时,该项目将利用桂林每年千万级游客量的优势,实现与知名景点点对点对接,打造旅游航空网络,围绕项目开展航空旅游休闲度假业务,将兴安县溶江镇打造成以航空产业为支撑的新型卫星城镇。桂林的低空旅游项目全面启动后,预计年旅游客流量可达到 42 万人次以上,年营业总收入达到 8.8 亿元以上,提供约 500 个就业岗位,相关服务业将达到数十亿元的销售和服务收入。

三亚制定了《低空旅游发展专项规划(2012—2022)》。该规划分为近期(2012—2017 年)、远期(2018—2022 年)2 个阶段。其中,2012—2017 年为重点规划阶段,具体建设直升机旅游基地、直升机备降点、三亚水上飞机中心、水上飞机服务场地、通用服务保障基地、航空文化体验乐园等配套设施,还设置了水上飞机航线,三亚区内线路(三亚海岸东线、三亚海岸西线、三亚海岸全线、环海南岛线路),三亚至三沙游线(从三亚水上飞机中心起飞至三沙市,环永乐群岛、宣德群岛等岛屿),跨区域线路(三亚—海口—澳门、三亚—海口—北海)等旅游线路。此外,江西庐山已于 2013 年试水直升机观光线路;安徽黄山正积极谋划相关低空旅游项目。

关于浙江省内建设情况,根据《浙江省通用机场发展规划》的要求,到 2030 年前,全省将建成 80 个以上通用机场,将按照"9·7·30"的要求总体布局,即布局 9 个运输机场、7 个一类通用机场、30 个二类通用机场(含水上机场),构建通用航空机场网络。浙江省内很多城市已纷纷开始布局规划通用航空产业。已获批、在建的项目包括：宁波杭州湾新区通用机场、绍兴滨海新城通用机场、德清通用航空培训基地、安吉天子湖通用机场等。杭州目前仅有通用机场 1 个，即千岛湖通用机场，位于建德市寿昌镇。

二、杭州发展通用航空产业的必要性、潜力和优势

通用航空在发达国家能获得重要地位，离不开其本身无可替代的独特价值——巨大的时间价值和空间价值。通用航空具有自由灵活、四通八达的特点，不受商业航空时间和航线的限制，在面对特殊情况时显得格外重要，是现代城市应急功能进一步完善的主要载体和具体表现。而杭州作为沿海发达地区知名的国际旅游城市、民营经济总部和企业家集聚地，应充分认识到通用航空业发展的潜力和优势，尽快谋划通用航空业发展，以期在未来发展中占得先机。

(一)发展通用航空是现代城市功能完善的需要

第一，与一般交通工具(如汽车、火车等)相比，同样的距离飞机所花费的时间要少得多，因此在紧急救援、物资运送等情况下可起到至关重要的作用。第二，从空中俯瞰地面，视野广阔，感受迥异，使得通用航空在空中观察、执法、巡逻、勘探等任务中具有独特的地位；而且从地面仰望天空的视野同样清晰，天空中的物体很容易引起地面上人们的关注，在特殊情况下能够起到一定的信息传达作用。第三，可达性强。通用航空无处不达的优势是商业航空和其他交通工具无可比拟的。在偏

远或被隔离的地区(如自然保护区等)以及地势险峻的地方(如深山、深谷等),都可通过通用航空实现通行,因此在特殊地形实施抢险、救援、救灾时,通用航空就成为不二选择。对于即将举办第19届亚洲运动会的杭州而言,通用航空是现代城市公共安保和救护的必要基础设施。

(二)杭州发展通用航空的潜力与优势

作为浙江省会城市,杭州应当发挥好先行、引领的作用,而且杭州具有以下4点发展优势:

第一,市场需求充足。为研判杭州通用航空产业发展的潜力,笔者选取地区生产总值和民航吞吐量作为关键数据,再结合豪华型酒店(四星级及以上)的数量、通用航空企业数量,综合计算当地通用航空产业的饱和度,计算过程如下:①本地饱和度＝通用航空企业经营许可数(家)/[GDP(万亿元)×0.3＋民航吞吐量(万人)×0.3＋四星级及以上酒店数量(家)×0.4]。②饱和度＝本地饱和度/美国当地饱和度。如图1所示,浙江省通用航空的发展水平还处于起步阶段,有极大的发展

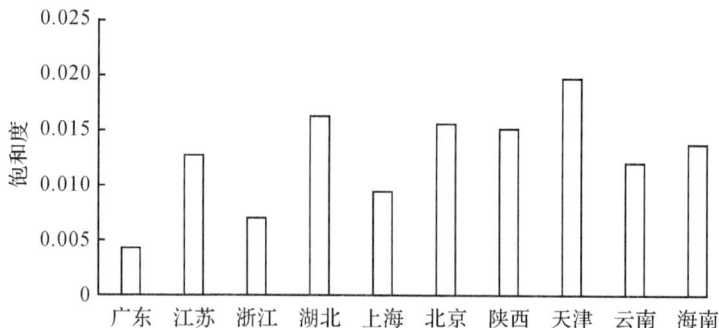

图1　部分省份和直辖市通用航空发展饱和度

空间,饱和度在国内主要省份排名中仅优于广东省,与毗邻的上海、江苏相比较还有很大的发展空间。

第二,资源禀赋突出。杭州及周边有众多旅游景点,如千岛湖、黄山、庐山等,它们都是潜在的低空观光和旅游转运目的地。前面章节已经从航空客运、豪华酒店、经济发展等多个角度综合论述了浙江省特别是杭州市在通用航空领域具有巨大的发展潜力。

第三,区位优势明显。杭州位于长江下游经济带核心地区,也是华东地区的重要中心城市,与上海、南京、苏州等经济、旅游"双发达"的城市毗邻,可共同协作、互为支撑。

第四,经济支撑有力。杭州市是公认的民营经济"排头兵",大量活跃的民间资本和金融机构为通用航空产业的发展提供了保障,并有希望成为通用航空产业快速发展的"催化剂"。

三、通用航空产业落户杭州的对策建议

从社会经济发展和现代化进程的角度来分析,杭州目前已进入通用航空发展的黄金期,"十三五"期间应把培育通用航空业,特别是发展商务、旅游飞行服务,作为产业发展培育、城市功能提升的战略重点。结合杭州自身的优势综合分析,笔者认为:杭州可以根据自身丰富的山水旅游资源,在富阳区长安沙岛(部分属于西湖区)建设通用航空机场,发展商务飞行与低空旅游业务,率先打造通用航空服务业的龙头品牌。具体建议如下。

(一)优先发展商务飞行与低空旅游项目

根据《浙江省通用机场发展规划》的要求,除现有的千岛湖通用机场外,杭州还将在富阳区和临安区布局二类通用机场。杭州拥有西湖、千岛湖、钱江潮、龙井茶山等多个可包装为低空旅游产品的自然景观,旅游资源得天独厚。引入低空旅游新业态,与商务飞行相结合可以更好地发挥资源优势,利用通用航空飞机良好的机动性来实现不同区域、景点之间的转场、串联,将彼此相对分离的资源、产品依靠通用航空的平台汇聚在一起,整合成为更具市场竞争力、消费吸引力的通用航空产业。目前,主城区内富阳区长安沙岛是建设通用航空机场的最佳区位。该地区自然环境优美,人口密度较小,人文气息浓郁,十分适合发展高端商务和休闲产业。未来应将该区域打造成杭州的水、陆、空联动枢纽,贯通主城区与桐庐、建德、淳安的空中、水上旅游线路,盘活杭州西部三县丰富的生态旅游资源,实现绿水青山就是金山银山。

(二)科学规划,实现有序、差异化发展

通用航空产业虽然近几年发展势头迅猛,但目前依然处于初创期向发展期转变的阶段,总体呈现"两多、两少、两小、一弱"的特点:老旧机型多,小企业多;保障设施少,专业人才少;产值小,利润低,整个产业规模小;支撑通用航空发展的基础体系薄弱。截至2014年,全国共有28个省(自治区、直辖市)、116个县级以上城市,规划、建设了通用航空产业园区或基地。这些园区大都将招商重点放在通用航空的制造业

上，但从长远来看，国内低端航空配件产能过剩、同质化竞争的问题凸显，在营运和后勤服务方面的建设和规划也明显不足。如图 2 所示，后期的营销环节利润空间远大于国内其他城市目前热衷投资的组装生产环节。因此，杭州不必盲目跟风"大干快上"地重复建设产业园。杭州政府目前应尽早提出规划，重点引进、培育营销环节的龙头企业和平台，助力相关产业项目落地，为未来的市场经营主体营造良好的投资环境。

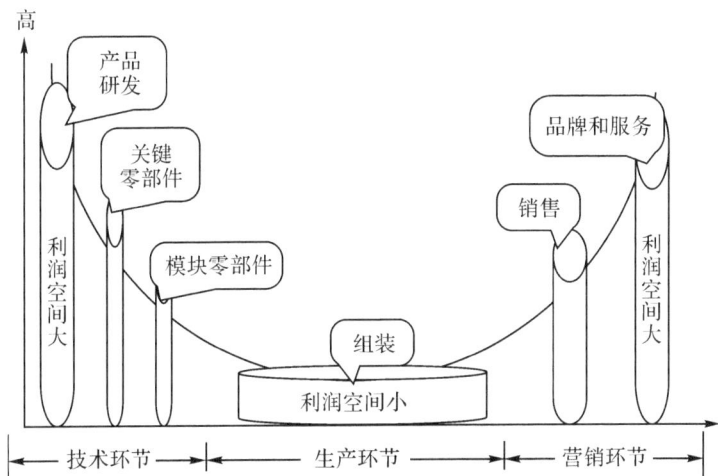

图 2　通用航空产业利润分布示意图

注：数据截至 2014 年。

(三)建立健全相关法规体系

通用航空产业是一个特殊产业，它既有市场性，又涉及公共安全，需要特殊监管。当前亟须构建一套有利于低空空域资源合理、充分、有效利用和通用航空产业发展的通用航空低空空域运营法律法规体系。该法律法规体系应主要分为 4 个层面:第一层面是法律,第二层面是行政法规,第三层面是行业规章,第四层面是规范性文件和标准。杭州虽是低空空域开放的试点城市之一,但相关改革仍处于"纸面改革","离地三尺就要打报告",且管理主体太多、责任不明确等种种因素导致通用航空企业发展政策成本过高,通用航空飞机飞不起来。与此同时,频繁出现的"黑飞"、违法违规飞行等,也对政府监管提出了挑战。在地方政府责权范围内,应尽快出台相关政策法规,使产业发展有法可依、有规可循。同时,在下一步低空开放的深改过程中,杭州应积极争取更多的国家政策利好。

(四)加快相关人员的培育和引进

通用航空业的发展,离不开一支全方位、多层次、专业化、国际化的高素质人才队伍,包括飞行人员、技术工程人员、相关管理人员等。我国现有的通用航空全产业从业人员仅为 1.3 万人,随着行业的进一步扩张,在可预见的未来必然存在巨大的人才缺口。由于我国相关人才培养模式单一,因此许多通用航空领域还处于人才空白阶段。未来通用航空业的发展,应该依靠业界开拓行业自身的人才培育渠道,不能仅仅依靠军、民航转行人才。发展初期通过国内外人才引进的方式,中长期建立社会化培养体系,鼓励非学历教学培训机构。发展到一定程度后,应鼓励飞行俱乐部以会员的方式吸纳和培训专业人才来壮大队伍,为自身发展提供人才保障。做好从业人员特别是高端技术人员的引进和培训工作,如飞行员、飞行教练员、飞行监察员等的培训,既是安全飞行和监管的必要,也是教育培训产业的一片"蓝海",当然这些业务的发展还需要政策的进一步松绑。

(五)激发民间资本的积极性

通用航空产业链长,既包含设计、制造、营销等竞争性产业,也包含基础建设、应急救援、农林航空、资源勘探等社会公共服务事业。因此,除了飞行政策需进一步放宽外,还应鼓励民间资本投资,与政府共建通用航空服务设施,培育全产业链,使政府可直接向企业购买服务等,从而发挥财政资金的杠杆作用。杭州派乐达斯投资管理有限公司联合各项目方,初步规划投资 180 亿—200 亿元在长安沙岛开发通用航空产业,这是一个符合产业发展方向和城市国际化定位的好项目、大项目。产业规划包括:①水上旅游,即建设游艇游船综合体,配套建设水上应急救援中心;②空中旅游,即建设通用航空综合体,配套建设空中应急救援中心;③商务会议培训中心,即建设一座生态型度假酒店;④健康旅游,即建设健康管理服务产业示范区与中医药旅游文化园;⑤"郊野公园",即建设休闲养生、旅游度假中心。五大产业联手,深度开发"省内、国内、国际"三级终端客户市场,辅以 O2O①、O2M② 等特色营销模式,通过机构大数据营销开拓市场,有力促进产业升级与环境提升。同时,建设水、空应急救援服务体系,强化处置公共突发事件和应对自然

---

① O2O,是 Online to Offline 的缩写,即将线下的商务机会与互联网相结合,让互联网成为线下交易的平台。

② O2M,是 Online to Mobile 的缩写,即线上电商与移动互联网的结合。

灾害的能力,完善杭州城市功能,提升城市品质。但由于该地块涉及不同城区管理和水源地保护等难点,项目一直难以推进。为推动该重大产业项目落地,笔者提出以下几点建议:(1)明确"统一立项、整体规划、基础先行、配套先建、分步实施"的建设思路,减少审批环节;(2)尽快协调农保地流转问题,变更所需位置的土地性质;(3)建设环岛或局部区域百年一遇的防洪堤、施工用桥梁等基础设施。

(本文写于 2015 年)

加快杭州市出租车经营体制改革

近几年,杭州市出租车行业数次成为社会舆论关注的焦点,从司机集体罢运到凤凰卫视名嘴微博点名批评,杭州出租车行业面临双重困境:黑车猖獗;"宰客"、挑客现象频发;民众抱怨打车难、服务差;司机抱怨工作强度大、收入低。这一问题已经陷入屡犯屡治、屡治屡犯的恶性循环,成为杭州这座美丽城市脸上的一道"疮疤",与"美丽杭州"的公众形象极不相称。

一、杭州市出租车行业问题及其成因分析

从表面看,出现这一现状有两方面原因:一是市场供不应求,乘客多、出租车少;二是杭州城区道路拥堵,出租车运价低,特别是拥堵情况下收费偏低,使得出租车的周转率降低,影响司机的收入和积极性,这一矛盾在交通高峰时段表现得最为明显。

但深入分析发现,杭州市出租车行业的双重困境,既有全国大城市的共性矛盾,又有杭州的个性问题,是多年来历史矛盾的积累和管理失效造成的。一言以蔽之,当前出租车行业问题的深层次根源是杭州一

直采用"治标"的修补策略,而非治本之法,最终演变为整个行业经营模式的畸形和错位,主要表现在以下 3 个方面:

1. 复杂的产权状况

杭州市区有出租车 9973 辆、在岗司机 22220 人。在出租车的发展历史中,形成了 6 种合法经营模式,其中:企业自营 1357 辆,承包经营 3672 辆,卖断经营 2380 辆,半卖断经营 543 辆,挂靠经营 990 辆,个体经营 1031 辆。与国内外其他城市相比,杭州市出租车行业明显存在经营模式复杂和产权关系不清的弊端。

2. 固定的食利阶层

出租车行业属于政府特许经营行业,对牌照的总量实行控制,有总量控制就必然会形成牌照交易市场:一是政府以拍卖等方式向市场发放牌照,历史上出现过每块牌照 3 万—38.7 万元不等的交易价格;二是民间自发的牌照买卖行为,目前的交易价格是每块牌照 60 万元左右。作为稀缺资源的出租车牌照,形成了天然的垄断,牌照拥有者凭借垄断优势将经营权层层转包,成为"食利阶层"。这一现状的另一恶果就是司机作为这个行业的最底层,无奈成为最辛苦却收入偏低的现代"包身工",从而导致司机行业的人才流失、素质下降,低学历、低职业技能的务工者成为主流,使杭州市出租车司机的"外地化"超过 80%,主要以河南人和东北人为主,同乡、同业、同居的"三同"现象突出。他们的城市归属感和行业荣誉感低,服务态度差,成为影响杭州城市文明形象和社会稳定的不利因素,最终导致城市文明秩序、乘客和司机"三输",食利阶层"一赢"的局面出现。

3.巨大的改革阻力

从杭州市出租车行业的几次群体性事件来看,食利阶层彼此已结成了利益联盟,成为出租车市场改革的最大阻力。从一定程度上说,他们是最大得利者,又往往是群体性事件的策动者。这些事件实质是食利阶层以司机为筹码,要挟政府提高运价、收紧牌照总量,继续巩固他们的垄断优势,从而掩盖了矛盾的源头与真相。

二、杭州市出租车行业改革的方向和原则

针对杭州市出租车行业体制的历史矛盾和弊端,参照国际城市和兄弟城市的经验,笔者认为,为保证改革规划的科学性和有力性,打破主管单位"修修补补"的惯性思维,需要由相对独立和超脱的主体单位来牵头。建议由杭州市政府研究室组织专门调研组,对这个问题进行系统、独立的调查,提出切实可行、科学合理的改革方案。故从建议的角度提出以下设想:将出租车行业作为公共交通体系的补充部分,使之具有一定的公益性,这是改革的起点和前提,切忌一味市场化;明确出租车行业体制改革的总体目标,选择最佳路径,制定相应的配套措施,即"1个总体目标、4项基本原则、1条改革途径、8项具体措施"。

从总体目标上来说,主要是实现"五化"。即以产权关系的统一化、政府监管的技术化、市场主体的精简化、公司管理的人性化和从业司机的本土化(即适当增加本省籍,特别是杭州周边城乡户籍司机人数,降

低外省籍司机比重)为总体改革目标,兼顾行业和社会公众的利益,通过顶层设计,理顺产业关系,为市民提供安全、高效、环保、优质的出租车服务。同时要具体把握好以下4个方面的原则:

1. 减少经营模式,理顺产业关系

从投资人、经营权、产权这3个要素来分析杭州现有的6种营业模式:三者主体完全一致的模式是企业自营和个体经营。另外4种营业模式都存在不同程度的"错位"。以占比最高的承包经营为例:表面看来是公司化经营,但从承包伊始,公司就将经营权和风险下放给承包人,所以实际投资人和经营者是承包人,但产权仍归公司所有,公司成为以收代管的食利阶层,政府希望通过公司监管出租车的目的也无法达到。所以,必须建立责权统一的行业生态,鼓励发展企业自营和个体经营模式,实行扩大企业自营、规范个体经营、取消挂靠经营,逐步转化承包、卖断、半卖断经营的整体改革方案。

2. 坚持总量控制

从国际经验来看,出租车作为特殊群体的消费和出行方式,政府进行总量控制是主流方式。虽然根据杭州目前的实际情况应当进一步投放运力,但仍要坚持总量控制原则。国际上存在部分国家和地区采取出租车牌照完全放开政策而运行良好的案例,但其共同特点是面积小、人口少、经济发达,此经验不宜复制到杭州。杭州市如果全面放开经营权,会造成车辆井喷式增长、恶性竞争、拥堵进一步加剧等问题。

3.设立从业者准入、淘汰机制

在总量控制的前提下,应对从业者(主要是指出租车经营主体和司机)设立门槛,从过去的管车为主转变为管人为主的监管模式。出租车服务存在偶然性大的特点,乘客几乎不具备"货比三家"的可能性。充分的市场竞争不一定能促进行业服务水平的提高,甚至有不升反降的案例。因此,目前由政府制定以服务为导向,相对严格的从业者准入机制,特别是以全面监管为基础的淘汰机制是保证乘客安全,提升行业服务水平的主要手段。从杭州的现状来看,应当淘汰规模小、能力弱的公司,改善目前行业内主体多、散的问题,整合资源,设立几家规模较大、经营规范的龙头企业作为标杆。

4.协调政府资源,加大监管力度

从杭州的行政架构来看,出租车行业的监管牵涉交通运管、交警、城管、物价、工商等多个部门。因此,协调各部门,建立统一的监管平台,利用高新科技丰富监管手段。同时,抓住明年杭州出租车管理地方立法的契机,坚持依法监管,促进行业的良性竞争。

三、杭州市出租车行业改革路径及相关措施

出租车行业的改革,需要杭州市委、市政府下定决心、顶住压力,设定总体目标、明确时间表,彻底根除矛盾。专家们就实现改革总体目标的路径进行了激烈的讨论,并提出以下改革路径。

一是"休克"疗法,即短期内一次性解决问题,通过政府强制赎买的方式,收回卖断、半卖断、挂靠的所有牌照。这个做法的好处是快刀斩乱麻,一劳永逸;缺点是必然引起食利阶层的反弹,行业群体性事件难以避免,矛盾集中爆发,政府财政压力和维稳压力大。

二是"止痛"疗法。尽力解决出租车行业目前出现的各类问题,以"解表"的方式防止矛盾再次爆发。这个做法的可取之处是不激进、较温和,行业的接受度高,有利于维护社会稳定;缺点是不触及食利阶层的垄断利益和根本问题,仍然存在巨大隐患。同时,政府表现出的畏难情绪也会使食利阶层逼迫政府的伎俩屡试不爽。

三是"时空转换"疗法。政府出台时间表和具体政策,明确3年内收回目前的所有牌照(目前已发的所有牌照将于2025年前陆续到期)。将3年内正常到期的牌照全部收回并改为企业自营和个体经营,这在法理上是站得住脚的,要坚决顶住压力。对于3年内牌照未到期而自愿提前被政府赎回的给予额外奖励,3年期限一到则强制赎回剩余的所有牌照。这种方法政府需要付出一定的改革代价,但可避免前2种方法太刚或太柔的弊端,逐步推进行业洗牌,尽可能避免集中的群体性事件爆发,实现平稳过渡,给行业从业人员一个合理的过渡期和矛盾缓冲期,为改革化解矛盾提供空间。

第三种方法是笔者最赞同的,从政府角度来看也更具有操作性。以下根据第三种改革路径,提出相应的配套措施和政策建议,分成短期目标和长期规划2个部分。

(一)短期目标

削弱"食利阶层"、建立责权清晰的行业生态,是当前出租车行业改革的重中之重。

1.扩大企业自营规模

首先,以投放运力的方式,扩大企业自营规模。从目前打车难的实际出发,新增运力势在必行。建议以少量多次的形式投放,一为投放的谨慎性,二为缓解维稳压力。自 2007 年起,杭州市投放市场的运力已要求全部实行公司化经营,不得卖断经营。但在当前的形势下,应该进一步明确新增运力只能以企业自营即参照上海市采取"公车公营"模式——公司与司机签订劳动合同,实现员工化管理,公司承担所有营运成本,并为司机缴纳社会保险,司机上缴营收,以"基本工资＋业务提成"的方式获得报酬。其次,政府进一步扶持,克服企业自营的困难。企业自营对比承包经营,优势是司机工作压力与强度都降低,企业真正成为经营者,政府监管有抓手;劣势是司机工资降低(主要原因是缴纳社保),对于家庭负担重又不愿在杭州市缴纳社保的外地司机吸引力较弱。以目前杭州市外地司机占比超过八成的情况来看,可能会遇到招工难的问题。另外,企业成本增加,也会影响企业积极性。但从总体的社会效益而言是利大于弊,政府应给予扶持政策,保障行业的长远利益。

2.规范个体经营

从杭州市的具体情况出发,保留个体经营模式是尊重业主权益、增加市场竞争的必然需要,未来应作为除企业自营模式外的重要补充。温州市是国内发展个体经营的典型代表,为杭州市提供了充足的经验:必须避免层层转包,明确只能采取"自营自驾"或"自营他驾"的形式,即可以雇用司机,但不得转包给其他中介或个人,以此规范个体经营模式。

3.取消挂靠

挂靠模式是历史遗留问题,不合理性最为突出。投资人作为产权、经营权的拥有者,却被迫将管理权交给出租车公司,公司凭借政府特许经营权坐收渔利,所以必须尽快取消。目前,挂靠经营车共计990辆,占比为9.93%,即便全部转为个体经营,与原有个体经营户相加共占比约为20%,也在市场和政府的可控范围内。挂靠取消的方式,应本着自愿原则,转为个体经营或由政府有偿赎回。

4.逐步取消承包、卖断、半卖断的经营模式

承包、卖断、半卖断3种模式是杭州的主流经营模式,总占比达66.12%,同时其车主也是目前矛盾最集中、维稳压力最大的群体,需要将这种经营模式逐步淘汰退出市场。首先,到期的牌照一律由政府收回转为企业自营模式。自2014年底第一辆出租车牌照到期开始,目前市场上的牌照将陆续到期直至2025年。近几年内到期的牌照,政府要坚持一律收回,再以企业自营为必要条件,重新投入市场。其次,采取逐步赎买。在3年的时间内采取渐进式的改革,从易到难,从少到多,逐步赎买,最终全部转化为"企业自营"。目前预估,如让政府出价赎回需资金约3亿—4亿元,以目前市场价赎回需60亿

元以上,耗资较大,因此需要进一步调研,在精确测算的基础上,确定合理的时间表和赎买政策、步骤,保证全行业平稳过渡。

5.设立统一的指挥调度中心

普及车内视频监控、行车记录仪、GPS定位等电子设备,设立统一的指挥调度中心,运用物联网技术和大数据思维,集电召调度、行业监管、执法等职能于一身,最终在出租车行业实现智慧服务、智慧交通。

(二)长期规划

以市场为主导,构建政府监管、行业自律的良好业态。

1.进一步推进市场化

在当前政府简政放权、国企深化改革的大背景下,出租车行业进一步推进市场化是改革的必然趋势。坚持以市场为主导,发挥市场在资源配置中的决定性作用,逐步淡化政府对出租车行业的行政干预,鼓励良性竞争,最终形成一个自由竞争、自由出入、多元、公平的市场。以目前政府对出租车司机发放补贴为例,表面上是政府补贴司机,实质却是政府替乘客买单,但乘客并不属于社会弱势群体,不应该成为政府补贴的对象。因此,提高运价是比政府补贴更符合市场规律和改革方向的方式。

2.引导社会力量参与决策、管理

政府管理的内卷化和行业垄断是造成出租车矛盾的主要原因。要充分吸取教训,将监管分离。逐步培育以行业组织、工会、相关领域专家为代表的第三方社会力量,使他们参与到行业未来发展的决策与管理当中,畅通政府与行业的信息渠道,广泛听取社会意见,做到科学决策、民主决策,将矛盾化解于萌芽状态。未来,政府主要承担制定法规和行业运营规则的责任,减少具体的行政管制,以总量控制、准入机制、运价协商为"三大抓手",由政府管理转向社会治理,以此缓解政府的监管压力,降低监管成本,减少行业腐败,维护合法经营业主和社会的总体权益。

3. 提高本地从业人员的比重

减少外地司机特别是外省司机的数量,有利于增强整个行业从业人员的稳定性,提升服务水平。为解决"公车公营"后招工难的问题,政府应适当予以政策倾斜,如为省内户籍人员提供免费的职业培训和就业的便利条件与扶持措施。可考虑通过"山海协作工程",结合城乡户籍制度改革的契机,先期在省内定向试点 5000 人,在他们执业后给予部分"市民化"待遇,以提供社会保障,特别是将提供公租房作为重要手段吸引本省籍司机,提高出租车司机的社会福利和收入,维护和保护其切身利益。同时,也可避免外省籍司机同行同乡聚居一地、拉帮结派的现象,增加从业人员的"本土化"比重,降低政府监管难度,最终达到提升行业服务水平的目标。

（本文写于 2014 年）

建立完善杭州市农民职业化培育机制

中央在 2014 年召开的经济工作会议上指出："要完善职业培训政策,提高培训质量,造就一支适应现代农业发展的高素质职业农民队伍。"推进农民职业化是加快农业产业化、现代化,切实保障农产品有效供给、增加农民收入、保障食品安全的有效途径。职业农民培育是当前"三农"工作中亟须破解的一个前瞻性问题。

一、杭州市农业劳动力和新型职业农民现状

2013 年,杭州市农业产值约为 400 亿元,就业人数为 70.07 万人,已形成了一批具有地方特色和影响力的农业品牌。从未来农业发展的趋势和都市型现代农业发展的要求来看,农民职业化是杭州实现农业现代化的必由之路。但目前,杭州农业劳动力现状,特别是农民职业化发展的基础薄弱,有待进一步改善。

(一)杭州农业劳动力呈现出绝对数量下降,总体受教育程度低,老龄化程度高的"两低一高"特征

由 2000—2012 年《杭州统计年鉴》可知,杭州农业劳动力 2012 年较 2000 年下降了 42.27%,年均减少 4.46%;农业劳动力比重从 2000

年的 46.96％下降到 2012 年的 26.04％。杭州市农村平均每户人口从 2000 年的 3.61 人下降到 2012 年的 3.45 人,农村平均每户劳动力从 2000 年的 2.59 人下降到 2012 年的 2.5 人;杭州市劳均耕地面积从 2000 年的 2.45 亩上升到 2012 年的 4.86 亩,增加幅度达 97.79％。

由《杭州市第二次农业普查主要数据公报》可以看出:从年龄构成来看,杭州农业劳动力主要分布在 41—50 岁(占 28.6％)和 51 岁及以上(占 52.7％),30 岁以下的只占 4.4％,老龄化程度较高。从文化程度构成来看,全市农业劳动力受教育程度主要分布在小学(占 56％),高中及以上的仅占 4.1％,总体受教育水平有待提升。

(二)杭州新型职业农民的现状特征、成长路径和政策需求

基于对杭州各县(市、区)283 个职业农民培育对象问卷调查,得出以下结论:

1.现状特征

从个体特征来看,41—50 岁的占 45.42％;高中或中专文化的占 46.25％。从家庭情况来看,目前家庭务农人口较少,家庭经济总收入主要集中在 10 万—40 万元,农业收入占家庭总收入比重集中在 50％—75％。从生产经营情况来看,66.84％的农户进行了土地流转,表现出较强的规模化经营意愿、投资意愿、新技术采纳意愿以及现代农业经营模式创新意愿。90.56％的新型职业农民参加过各类培训,从培训需求角度,新型职业农民最需要的培训内容依次是生产关键技术、经营管理与品牌建设、市场营销、农业优惠政策等。

2.成长路径

第Ⅰ类:投资农业的企业家。在51—60岁的经营者中,有创办企业经历的主体比重达15.78%,包括一部分早期外出创业的农民企业家。

第Ⅱ类:返乡创业的农民工。在30岁以下和60岁以上的经营者中,有过打工经历的主体占比相对较高,这个群体主要是放弃(或失去)在第二、三产业就业机会而返乡创业的农民工。

第Ⅲ类:基层创业的大学生。受国家鼓励大学生担任村干部等政策和城市就业形势严峻的影响,毕业后到基层创业的大学生越来越多。

第Ⅳ类:农村种养能人。在51—60岁的经营者中,70.20%的人没有任何外出打工、经商或创办企业的经历,这个群体主要是那些借助政府农业扶持政策逐渐发展壮大起来的农村种养能人。

第Ⅴ类:农村干部带头人。有村干部任职经历的经营者集中在31—60岁,这些农村干部带头人凭借自己对国家农业政策的了解和当地农村情况的熟悉,逐渐发展为各类专业大户,或领办合作社、注册企业,并担任这些组织的负责人。

3.政策需求

新型职业农民培育对象对政策需求最强的5项依次为:政府资金扶持、金融信贷支持、农业信息和技术服务推广、解决设施用地以及土地流转服务。

二、国内新型职业农民培育的创新实践与杭州市面临的主要问题

职业农民培育近几年已受到各级领导和相关部门的重视,杭州市萧山区、富阳区在培训制度、内容和平台建设上形成了一定的模式,但总体上仍处于试验和探索的起步阶段,应及时总结、推广先进经验,加快杭州职业农民培育进程。

(一)国内职业农民培育的基本经验

2012 年,农业农村部启动新型职业农民培育试点,在全国遴选 100 个县,杭州市富阳区入围(省内另有江山市与云和县入围)。2013 年,浙江省农业厅将萧山、鄞州、乐清、长兴、嘉善、新昌、义乌、开化、仙居、松阳等 10 个县(市、区)设为浙江省省级新型职业农民培育试点,试点工作重点围绕主导产业和优势产业,探索建立教育培养、认定管理和政策扶持互相衔接的新型职业农民培育制度。综观全国各试点经验,有以下 4 个方面的共性:

一是建立协调机构,制订试点工作方案。

二是确定培育对象,开展培育对象调查建档工作。种养大户、家庭农场主、农民专业合作组织带头人等,因具有一定规模、产业基础和投资能力,从而成为各试点县(市、区)首批培育对象。

三是创新培训模式。分级分类制订培训计划,制订新型职业农民

教育培训方案。

四是围绕试点任务,探索长效培育机制,对认定条件、认定程序、教育培训、准入及退出机制、扶持政策等都做了明确规定。

浙江省内做得较好的如宁波市鄞州区,通过强化职业农民认证工作,强调农业项目实施要与职业农民挂钩,积极引导农超对接,订单农业的用人单位优先聘用持证人员,扶持持证农民外出租地开展农业生产,或成为"农业管家"为其他农户和企业提供技术指导,使职业农民收入得到显著提高。该做法通过认定职业农民从业资质,不仅确保了宝贵的农业资源让高素质的职业农民来使用和经营,而且真正提高了持证农民的收入,使农民成为有吸引力的职业。

(二)杭州市新型职业农民培育面临的问题

目前,杭州市新型职业农民培育遇到 3 个方面的问题:

一是存在培育等同于培训的倾向。富阳试点目前确定了新型职业农民培育 2 年试点期,但总体而言,更多地停留在培训而非培育上。

二是认定对象难,标准分类难,规模认定难。杭州市农村劳动力分工分业日益明显,农村劳动力服务对象分类、细化要求越来越高,给新型职业农民培训分类增加了难度。新型职业农民的认定标准应把握什么原则、是个体性还是组织性,农业企业中的雇工是否属于认定范围,诸如此类问题都亟待解决。

三是缺乏职业农民独享性长效激励机制。杭州试点对新型职业农民的激励政策仍是普适性优惠政策,既没有职业农民独享性政策,也没有针对职业农民领办的农业产业化组织给予不同阶段的差异性政策，对新型职业农民培育对象缺乏吸引力。

三、进一步推进杭州新型职业农民培育的对策建议

对照兄弟城市先进经验，结合杭州工作实际，笔者建议从"主体认定""准入机制设立"入手，将建立覆盖面广、信息精准的人才库，确立土地流转和稳定的土地使用权制度作为当前主要目标，为未来建立和完善职业农民培育机制、助力农业现代化，打好基础、铺好路。

（一）土地确权、合法流转是发展的前提条件

新型职业农民的成长需要特定的社会环境，就目前来看，需要尽快谋划的有：一是重点稳定承包关系和确权，使农民承包地的权属更加清晰，各地可探索赋予农民抵押权和继承权，以及对承包地占有、使用、收益、流转和承包经营权抵押、担保权能，实现土地经营权长期化和固定化，以稳定新型职业农民农业经营的预期；二是建立健全土地流转机制，鼓励发展出租、转让、托管、入股等多种流转形式，允许新型职业农民以承包经营权入股发展农业产业化经营。

（二）明确培育主体

从杭州都市型现代农业定位来看，要重点培育三大类新型职业农民：一是要培育新型职业农民"白领"，即农业经营管理者，主要包括农

业龙头企业老板、农业合作社社长。

二是要培育新型职业农民"蓝领",即种养能手。

三是要培育社会化服务型职业农民,主要包括贩销大户、农民经纪人、农机手、植保员、防疫员、沼气工等各类生产经营和技能服务人才。

(三)设定准入机制

一是定量认定新型职业农民生产经营规模。以生猪产业为例,以杭州城镇居民人均可支配收入为标准,结合不同规模生猪养殖大户(公司、场)成本收益调查,倒推计算出能达到城镇居民人均可支配收入的生猪养殖出栏及存栏数。

二是新型职业农民认定指标体系——门槛法。从生产型(种养能手)、经营型(合作社、农业龙头企业经营管理者)、社会服务型职业农民的从业年龄、能力素质、经营规模、产业效益等方面,构建新型职业农民认定门槛。

三是新型职业农民认定指标体系——打分法。设计涵盖新型职业农民基本素质、能力水平、创业业绩3个一级指标和若干二级指标的认定指标体系,对职业农民的能力进行综合评定,以此作为职业农民登记、认定的重要依据。

(四)健全人才档案库

富阳试点已建立新型职业农民信息管理系统,实行定期考核评估和动态管理,区域内已建立较完善的农村实用人才档案库(实用人才包括生产型、经营型、技能带动型、技能服务型和社会服务型 5 类）。目前,杭州市农业局正牵头对市域内职业农民情况进行全面摸底调查,下一步应尽快建立与"门槛法""打分法"相结合的分类别、分层次的职业农民档案库、动态信息管理系统,并由此制订差别化的职业农民培育和农业龙头企业的扶持计划。

（五）发展培育的路径

杭州新型职业农民职业化培育应以实现农民现代化为最终目标,紧扣职业农民自身培训需求,分类型、分产业进行灵活多样的培训、培育,使职业农民培育工作从临时型、短期型、技能型、就业型向长远型、规范型、职业型、创业型转型。

一是分类型。对于"生产经营型"和"社会服务型"农民,可以采取政府扶持半市场化运作的形式,依托农业园区、推广机构或科技项目加以培育,丰富农民的农业科技知识,提升农民的职业技能水平、经营管理能力,培养科技型、推广型、服务型新型职业农民。对于"种养殖能手",可依托农民合作组织、协会、农业企业来培育满足自身需求的新型职业农民,重点培训与主导产业相关的农业科技、农业标准化生产、农产品流通、经营管理等知识和技能,培养适应当地农业产业化或企业发展的产业工人。

二是分产业。土地密集型、劳动密集型、资金密集型等不同的农业产业类型,决定了其技术特性、土地依存度、产业链等环节均具有自身特性,因此在相应的培育、培训中应体现差异性。

(六)构建新型职业农民激励的长效机制

建议由农业部门牵头,会同国土、财政、银行(保险)、社保等相关部门,尽早谋划长效机制,配合国家试点工作,省、市、县各级政府配套制定近期、中期、远期职业农民群体培育目标。出台新型职业农民独享的涉及创业兴农、风险支持、信息服务、劳动保障等综合性扶持政策,促进试点范围内的职业农民占比和职业农民创造的农业生产总值占比明显提升。

一是明确新型职业农民享受独享性扶持政策的条件。目前,建议采取将通行的大、中专学历证书和农业职业资格认定或农村实用人才认定相结合,作为准入条件,分初、中、高三级认定。已达到某一级别要求的可继续参加高一级别的培训。对青年创业务农和返乡务农的,建议采取"基础教育+职业教育+实训时间"三方面条件准入认定,即"老人老办法,新人新办法"。科技示范户、家庭农场主、农民专业合作社社长必须是新型职业农民。在农民专业合作社和农业龙头企业中新型职业农民也应占一定比例。积极引导农超对接,订单农业的用人单位优先聘用持证人员。

二是对新型职业农民实施"五优先"。未来,在杭州新型职业农民认证体系建立并初见成效后,应进一步对持证职业农民实行政策扶持,建议采取"五优先"政策,即鼓励成片土地优先向新型职业农民流转;在新增惠农政策上,新型职业农民优先享受涉农优惠扶持政策;在编制和申报项目上,优先安排新型职业农民申报中央、省级农业项目以获得扶持政策;在金融信贷和保险上,新型职业农民优先享受金融信贷扶持政策和提供农产品保险支持政策;在财政安排强农资金上,优先扶持与新型职业农民相关的项目产业。

（本文写于 2015 年）

第三编

公共服务提质

加快城市国际化的关键在人

 杭州市委十一届十一次全体会议,审议通过了《中共杭州市委关于全面提升杭州城市国际化水平的若干意见》,研究部署了杭州市城市国际化工作,加快推进世界名城建设。

 关于城市国际化,并没有统一的定量标准。城市国际化,是指城市在人、财、物、信息及整体变化等方面进行跨国界的相互往来与交流活动不断增加,城市的辐射力、吸引力影响到国外的过程。为此,人的国际化是城市国际化的关键。加快城市国际化进程,首先要提升人的国际化水平,即人的观念、心态和言行的国际化。

 杭州市委全会报告中,杭州城市国际化进程中存在4个短板,其中2个直接与人相关:一是自主创新能力不强,国际化人才支撑相对较弱;二是国际化软、硬件设施不完善,居民国际化素质有待提高。由此可见,无论城市建设得多么漂亮,没有国际化、高素质的人,城市也只能是一个空壳,更何况没有高素质的人也难以建设出高品位的国际化城市。

 ——人的观念国际化。国家与国家、城市与城市、人与人之间的竞争说到底是观念的竞争。人的观念先进与落后,决定了一个人、一个组织、一个城市、一个国家,乃至整个世界的发展进程。思路决定出路,观念改变命运。改革开放以来,杭州发展突飞猛进,靠的不是自然资源,也不是地理优势,而是解放了思想的人。只有具备开放观念的人,才能使杭州经济总量从 1978 年的 28.4 亿元发展到 2015 年的万亿元。建设国际化城市也是如此,只要拥有了具有国际化观念的人就有了保证。当今世界,政治、经济、社会、文化、生态都被紧紧地联系在一起,谁也无法独立于世界而存在、发展和运行。杭州市必须用国际视角,即从全球或更广的视角,以国际化观念看待世界的发展和运行。应该勇于质疑已有的真理,勇于探索未知的领域;解放思想,不受教条主义的约束,不受传统观念和外来文化的束缚,打破一切界限,打破陈规陋习,用开放的观念、国际化的观念去寻求全新的阳光,面向未来,面向世界,以宽广的视野观察、分析世界,融入世界,走在前列,引领发展。

——人的心态国际化。心态是指人对事物发展的反应和理解所表现出来的不同的思想状态和观点。心态决定命运,心态对于一个人来说至关重要,不同的心态会产生截然不同的结果。随着互联网技术的不断创新,互联网作为新的基础设施推动全球化进程迅猛加快。为此,任何一个国家的经济社会发展都会成为全球经济社会发展的一部分,在这一进程中,必须以开放宽容的心态积极参与其中,才能实现利益最大化。有容乃大,以包容的心态、兼收并蓄,才能大胆吸收和借鉴。杭州市无论是最初的农村改革起步,还是后来的城市改革推进,都是在大胆借鉴和吸收的基础上不断取得了突破。例如,杭州市对杭商的定位(即杭州人在杭州创业的、杭州人在外地创业的、外地人在杭州创业的)也充分体现了杭州人开放包容的心态。同样地,在加快城市国际化的进程中,杭州市应以更加开放包容的心态,弘扬城市人文精神,用积极有效的交流沟通减少由政治、文化、体制、观念等不同导致的分歧,借鉴吸收,勇于突破,实现共同发展。

　　——人的言行国际化。人的言行举止,指的是一个人的言语和行为、姿态与风度。人的品德看言行,人的思想看行为,人的内心看故事。也就是说,人的言行举止反映了一个人的素质。生活在社会中,人总会受到道德、法律、伦理等社会规范的约束。约束和规范自己的言行举止,是对一个人的最起码的要求,这样整个社会才会有秩序,每个社会成员的权利和自由才能得到保障。遵守各种规范,是文明人的基本素质,也是一个人能够自立于社会的基本点。城市国际化同样离不开每个人的言行举止。一个人的言行举止,可以代表一个组织、一座城市,甚至一个国家,可见其在城市国际化建设中非常重要。为迎接 G20 杭州峰会,杭州倡导做"有礼杭州人",对杭州人的言行举止提出了要求,通过杭州人文明的言行举止展示这座城市的风貌。近年来,杭州的"礼让斑马线"不仅在杭州深入人心,而且在全国也有一定的影响力。城市硬件建设的好坏固然会给人留下深刻印象,但一座城市里人的文明素质更会给人留下故事,津津乐道、不断回味。

　　习近平总书记在浙江省工作期间曾指出:"杭州不应当仅仅是浙江的杭州、中国的杭州,也应当是亚洲的杭州、世界的杭州。现在杭州具备了天时、地利、人和的条件,衷心希望和祝愿杭州以世界一流的标准要求自己,创造世界一流的业绩,培育世界一流的胸襟和气魄,努力把杭州打造成为世界一流的现代化国际大都市。"杭州市应立足现实、着眼长远,充分发挥生机勃发的创新活力、浓郁韵味的历史文化、得天独厚的绿色生态等优势,努力打造成为世界名城。

一、营造开放大气的文化氛围

文化氛围是城市的文化思想、文化沉淀、文化品格、文化形态的必然文化表达,是城市精气神的必然释放、演绎和溢出效应的外在呈现,是百姓文化需求的最直观感觉和体验享受。开放大气既是一种发展理念、发展战略,又是一个实践过程。历史与实践证明,封闭只会阻碍一个国家或一个城市与外界物质、能量与信息的交换,降低其生存质量,限制其发展空间。唯有开放才能使其充分借鉴国外的先进文明成果,并传播、弘扬本地的文化特色与发展成就。杭州市要提高城市国际化水平,就必须努力营造"开放、文明、友好、包容"的文化氛围,如此才能形成一个强大的磁场,吸引更多的人、资本、资源和各种元素"走进来",同时应支持更多的人、企业、资本及各类元素"走出去",与外界形成一种积极交流、良性互动的局面,使杭州市在发展理念、经贸往来、人文交流、社会治理和社会风貌方面始终与国际前沿保持同步。

二、大力引进、培养国际化人才

"国以才立、政以才治、业以才兴",人才是各项事业发展的支撑。为此,引进、培养国际化人才是适应经济全球化发展,积极应对日趋激烈的国际化竞争的需要,更是提升城市国际化水平的需要。一方面,要加大海外留学人才的引进力度,坚持把引进海外优秀留学人才作为推进杭州人才国际化的主要手段,同时应引进本土一线城市的国际化人才。在人才引进过程中,不唯学历文凭、不唯职称,引入市场机制界定人才。另一方面,要加大人才的培养力度,通过"送出去""请进来"等方式,根据国际化人才的特点和培养目标,采取学校培养、国外深造、外资企业挂职等方式,定期选派各行各业有潜力的人接受培训,形成梯度人才队伍。

三、提升市民科学人文素养

科学人文素养是一个人综合素质的基本体现。我国全民的科学人文素养相对发达国家而言还有很大的差距。市民的科学人文素养不仅关系到个人的全面发展,也关系到国家和民族的未来,更是城市国际化的具体体现。改革开放以来,经济飞速发展,进入 21 世纪后,城市化进程加快,但是市民的价值取向、行为习惯、道德水平并没有相应提升。市民的综合素养可以说是城市直观、鲜活的"名片"。为此,在加快提升城市国际化进程中,应加大科学人文知识的宣传和普及。通过学校教育、社区文化建设、乡村文化礼堂、全媒体等多种教育途径,树立"互联网＋"思维,开创网络学习平台、互动互鉴平台,开展科学人文知识、人文思想、人文方法、人文精神等方面的普及教育,加快市民科学人文素养的提升,尽快适应建设世界名城和城市国际化发展的需要。

（本文写于 2016 年）

加强法律服务体系建设

一、杭州法律服务体系建设的基本情况

完备的法律服务体系,是推进依法治国、建设法治国家的必备要素,也是建设法治杭州、推进依法治市的必备要素。近年来,杭州市委、市政府高度重视法律服务体系建设,出台了一系列加强法律服务建设的地方性法规和文件,建立了一批综合性基本法律服务平台,使得法律服务门类逐步完善,法律服务领域日益拓展,法律服务队伍不断壮大,法律服务制度日趋健全,法律服务体系初步形成,不仅为经济社会发展和人民群众提供了优质高效的法律服务,也为进一步健全公共法律服务体系建设积累了经验。法律服务体系建设已成为"法治杭州"建设的重要载体和支撑。

(一)公共法律服务体系基本建立,在全国具有一定的影响力和良好声誉

公共法律服务是由政府提供的,旨在保障公民基本权利,维护人民群众合法权益,实现社会公平正义和保障人民安居乐业所必需的法律

服务,是法律服务的核心内容。杭州市的公共法律服务起步早、力度大、创新强,其率先提出的公共法律服务体系理念,为全国的公共法律服务体系建设做出了理论和实际的探索。

一是基本建立健全覆盖城乡的便民法律服务网络,统筹城乡共享法治福利。杭州市在全国率先践行公共法律服务理念,通过政府购买服务和法律服务工作者公益服务相结合,打造城乡统筹公共法律服务体系。在深化律师进社区的基础上,杭州将城市优质法律服务资源向农村延伸,建成 13 个县级法律服务中心、171 个乡镇街道法律服务站、2883 个村社区法律服务室,基本形成了"三级架构、纵向到底、横向到边,城市居民 10 分钟、农村居民 30 分钟直达"的公共法律服务圈。目前,已有 2879 个社区(村)律师与 11623 个网格实现了对接,使老百姓足不出户就能享受法律服务。全市 2922 个社区(村)配置了专门的驻点律师,主城区和临安区实现了社区(村)驻点律师全覆盖,其他 3 县(市)也实现了结对社区(村)律师(基层法律工作者)全覆盖。全市已形成了市、区(县、市)法律服务中心、乡镇法律服务工作站三级援助为主,总工会、团委、妇联等法律援助站为辅的法律援助体系。

二是不断完善矛盾化解机制,积极开展调解宣传、咨询、帮教、公证等工作,形成了人民调解、和事佬调解、行政调解、司法调解、诉前调解等矛盾调解机制。

三是打造"公益律师快线"网上法律服务平台,实现线下、线上服务无缝对接。2014 年,杭州开通"公益律师快线""法治(律师)行动在网格"等网上服务,让社区(村)律师在线解答网上法律咨询,有序引导社区居民理性表达诉求,依法化解矛盾。

四是大力发展法律服务志愿者队伍,成立杭州法律服务总队。截至 2014 年底,共有在册法律服务志愿者 1523 名。

五是公共法律服务机构在全国打响品牌,赢得声誉,涌现了全国优秀司法所——上城区清波司法所等全国先进集体和单位。

(二)形成了具有杭州特色和品牌化的地方法治文化和宣传教育体系

法治文化建设和法治宣传教育是法治建设的重要内容,通过有效地学法、普法、用法和守法,才能发挥法治和法律的社会作用。杭州市历史文化底蕴深厚,法治资源丰富,法治水平较高,居民法治需求较大,故在实践中探索和建立了具有杭州特色与品牌化的法治文化和宣传教育体系,为完善法律服务提供重要支撑。杭州市将文化与普法相结合,以文化的形式普法,在普法中弘扬法治文化,推动法治理念和法律知识"入耳、入眼、入心",初步形成以民主民生互动、法德融合、普法融入群众生活休闲为特征的杭州特色法治文化。

一是创新法治宣传教育的方式方法,不断拓展新的平台和载体,形成良好的学法、懂法、知法、用法的社会氛围。特别是充分运用广播、电视、互联网等多媒体手段,打造法治文化品牌栏目,积极探索将文化与普法相结合,以文化的形式普法,在普法中弘扬法治文化,促进法制教育与日常生活、工作和休闲娱乐相融合。如《和事佬》栏目,既是调解矛盾纠纷的途径,也是普法教育的渠道;又如《阿普说法》栏目,以卡通形式进行法治宣传,把法治文化送进千家万户;再如运河法治茶馆、朝晖法治主题公园等,都是普法创新的典范。

二是健全社会普法教育机制,推进律师、大学生进社区、进村庄,整合社会力量参与普法教育工作。

三是有重点地加强对党政干部、中小学生和来杭务工人员的普法教育。

(三)法律服务业发展水平居全省前列

一是律师、公证等传统的法律服务业发展水平较高。截至 2015 年 6 月底,杭州市共有律师事务所 360 家,其中,天册律师事务所、星韵律师事务所是司法部认定的文明律师事务所。杭州市有律师 5300 人,占全省律师总人数的 35.5%,每万人律师比是全省平均数的 2.25 倍;公证机构有 12 家,公证员有 87 人,助理公证员有 119 人,公证人员数占浙江省的 24.7%;司法鉴定机构有 14 家,约占全省的 29.1%。

二是准法律服务业——仲裁发展迅速,成为杭州法律服务的亮点。杭州仲裁委员会于 1996 年成立,是浙江省第一家依照《中华人民共和国仲裁法》组建并独立于行政机关的仲裁机构。杭州仲裁委员会现拥有仲裁员 300 余名,设有金融仲裁院、知识产权仲裁院、商会仲裁院、国际仲裁院、交通仲裁中心和保险仲裁中心等,既提供高标准、高质量的商业仲裁服务,又面向民众提供专门解决民生问题的交通仲裁和保险仲裁服务。杭州仲裁委员会以"依法、公正、高效、便捷"为宗旨,有效地维护经济秩序,保护当事人的合法权益,为解决民事、商事纠纷提供了一种新的有效的法律途径,得到了社会各界的认可,其仲裁业务量位居全国副省级城市第三。

(四)法律服务在社会治理中的作用不断显现

杭州市委、市政府高度重视并积极创造条件,以发挥法律服务在社会治理和法治政府建设中的作用。

一是市、区(县、市)两级政府建立了法律顾问制度,不少县(市)还将法律顾问延伸到了乡镇、政府执法部门,引导法律工作者围绕党委政府中心工作,拓宽服务领域,提升行业竞争力。

二是大力改善律师执业环境,出台相关制度,保障律师执业权利,使法律工作者在化解社会矛盾和助力"五水共治""三改一拆""四边三化"等社会治理中发挥重要作用。如下城区白鹿鞋城区块、百井坊巷区块等综合改造工程项目的法律论证,法律工作者全程参与企业主、经营户的协商,有力地推动了工程进展,减少了政府直接参与的矛盾。

三是积极引导律师进入各级人大、政协,发挥律师的专业优势,使律师积极参政、议政。

二、杭州法律服务体系建设存在的薄弱环节和主要问题

随着杭州深化改革、"法治杭州"工作的推进和公民法律意识的增强,市民对法律服务的需求日益增长,特别是在"大众创业、万众创新"的背景下,杭州积极融入"一带一路"倡议,创建中国跨境电子商务综合试验区和国家自主创新示范区,推进智慧经济发展战略,举办 G20 峰会和 2022 年的亚运会,可谓机遇难得,责任重大,由此也对法律服务提出

了更高、更新的要求。同时,杭州法律服务体系建设与党的十八届四中全会的要求还有很大的差距,与杭州经济社会发展水平和城市地位的要求还不相适应,主要表现在以下几个方面。

(一)公共法律服务内容界定还不够清晰

虽然杭州的法律服务体系初步形成,但公共法律服务与法律服务业的界限仍不清晰。司法部于 2014 年 2 月发布的《关于推进公共法律服务体系建设的意见》,对公共法律服务的界定也仅是一个概念性的描述,提出推进公共法律服务体系建设 6 个方面主要任务的论述也较宽泛,对公共法律服务的具体范围、内容、边界并没有清晰界定。公共法律服务是属于公共服务的范畴,具有政府主导性、无偿性、基础性、多样性的特征,目的是体现和追求社会公平,并且在不同地区,由于发展水平、保障能力和客观需求不同,公共法律服务的内涵和外延也应有所区别。那么根据现阶段的经济社会发展情况,哪些法律服务内容属于公共服务内容,哪些属于准公共服务,哪些应通过市场提供,都应有明确的界定。

(二)法律服务缺乏统一发展规划

一是公共法律服务存在碎片化、零散化的问题,使得全市公共法律服务工作散落分布,无论是实体依托、工作内容、人员配备、服务流程、保障力度,还是不同层级的区域分布、服务半径、服务监管等,都缺乏统一部署和相应的标准规范。

二是公共法律服务资源,难以整合协同形成合力。不少政府部门特别是行政执法机关涉及面向公众的法律服务工作都是各自为政,如民政部门牵头的社区(村)公共服务、政法委牵头的乡镇(街道)社会服务管理中心、行政审批中心牵头的政务服务大厅(市民中心)等,都是基层综合性服务平台,均涉及公共法律服务体系的构建。

三是法律服务产业缺乏战略规划和引导,基本属自发式的发展状态,律师事务所存在小、散、单的现象,缺乏统一领导、分级负责、上下协调、有序运行的工作机制。

(三)公共法律服务能力有待进一步提高

一是支持公共法律服务的财力投入不足。杭州市每年用于公共法律服务的市本级财政预算仅为 600 万元,而广州市每年为 2200 万元,差距较大。律师提供公共法律服务的政府补贴标准仅为市场化服务收费的 1/4,杭州市区代理一个刑事法律援助案件的补贴费用仅为 1500—2000 元,而淳安等地仅为 700 元,标准低、差别大的矛盾突出,不利于调动律师的积极性。此外,法律援助经费比较单一。

二是援助经费全部依赖政府财政投入,未能形成全社会广泛参与支持法律援助事业的工作机制。法律援助的认定门槛高,有相当多的人虽然经济困难但因不符合援助条件而得不到及时有效的援助。

三是农村公共法律服务体系建设的差距还较大,少数村干部不愿意律师参与村委有关事务,律师进村开展工作较难。在一些远离城镇的村庄,律师进村交通不便,成本高,而政府补助低,影响了律师进村的积极性。因此,一些群众在有法律服务需求时,难以得到及时有效的帮助。

四是政府机关对法律顾问的聘任机制还不够健全,法律顾问的作用没有得到有效发挥。

(四)法律服务业发展不平衡

一是城市与乡村的法律服务发展不平衡,特别是公共法律服务的不平衡,制约了城乡统筹的公共法律服务的健康发展。

二是律师与公证、司法鉴定机构的发展不平衡。律师体制改革使律师脱离了行政体制,律师事务所在经营管理上具有独立性和自主性,公平参与市场竞争,律师服务业在一定程度上得到了快速发展。而公证处、司法鉴定等法律服务机构的改革却不够彻底。以公证处为例,自2000年转制之后,杭州公证处有3种体制:自收自支的事业单位;合伙制;主任事业编制(仅工作调动时可享受)、其他人员为合同制员工。经营收入的管理方式多种多样,与《中华人民共和国公证法》规定的不以营利为目的的公证性质不相称,兼具行政机构、垄断企业、"公证公司"和事业单位的多重定位。司法鉴定机构分属于不同的部门管理,既有以事业编制对外承接业务的,也有完全市场化运行的。法院认可的鉴定机构与司法行政部门许可的鉴定机构目录不一致,如何保证鉴定机构的公信力,成为亟待解决的问题。

三是现有法律服务资源分布不平衡。仅以律师为例,杭州市律师每万人比为5.26%,超过浙江省规定的2.5%的小康社会指标,但绝大多数律师集中在市区,其他4县(市)律师总人数不到总数的8%,如淳安仅有律师22人、基层法律工作者12人,其地域面积相当于1个嘉兴市,全县23个乡镇中仅有14个乡镇建立了法律服务机构。

（五）法律服务业与经济社会发展水平的要求还有差距

一是律师事务所的综合实力与杭州的城市地位不相称。以律师事务所与会计师事务所为例，杭州市的会计师事务所综合竞争实力进入全国前 10 名的有 2 家，而律师事务所排名在全国前 10 名的一家都没有，杭州综合实力最强的天册律师事务所排名也在第 30 名以后。律师事务所实力不够强，导致企业在境外上市时只能寻求外地律师事务所的帮助。

二是专业化律师事务所不多。杭州专门从事专业化的律师事务所不仅数量少，而且综合实力不强。以非诉业务为主的专业律师事务所及专门从事投融资并购业务的律师事务所更少，也没有一家专门的涉外律师事务所，这与杭州作为长三角南翼的金融中心、"两区"创建①对法律服务的需求很不相称。

三是党委、政府对法律人才队伍建设的重视程度不够，法律工作者参与社会治理的广度和深度有待进一步拓宽，如市政协 500 余名委员中，除政法机关以外的法律工作者委员仅有 10 人，与当前全面贯彻依法治国的要求是不相称的。法律工作者队伍的执业能力、执业道德、执业纪律有待进一步提升。

四是律师事务所的管理和运行机制还比较落后，不少律师事务所还停留在单兵作战的小作坊模式，尚未建立起公司化的律师事务所，律师的专业化、团队化和协同化欠缺。

---

① "两区"创建是指杭州设立中国（杭州）跨境电子商务综合试验区和杭州申请创建国家自主创新示范区。

(六)服务概念与框架还停留和局限于小法律服务

在观念上尚未建立起大服务的法律服务概念和框架,还停留和局限于小法律服务的视野和框架内。最突出和典型的就是,一谈起法律服务,就局限于律师、公证、法律援助和法律宣传,而具有重要法律服务功能的仲裁,包括商事仲裁和劳动人事仲裁,因人们认识不够被排除在法律服务之外。上海市自贸区建立伊始,就把仲裁建设和仲裁服务提上议事日程。杭州市也面临国际化建设的重要任务和机遇,但与之配套的商事仲裁服务和建设,还未能提到应有的高度和位置,未引起足够的重视。

三、完善杭州法律服务体系建设的几点建议

以党的十八届三中全会、四中全会确立的依法治国方略和现代治理体系为指导,以维护广大人民群众的根本利益为宗旨和出发点,深入贯彻落实"杭法十条",把杭州市建设成为具备全国竞争优势的公共法律服务普惠区、法律服务业富集区、法治文化示范区、法治人才集聚区,营造市场化、国际化、法治化的营商环境,为推进大众创业、万众创新和经济社会发展,为杭州争先进位、美丽中国杭州样本区建设提供法律服务保障。为此,我们在调研的基础上,从公共法律服务体系建设、法律服务业发展两方面提出如下建议。

（一）以维护广大人民群众的根本利益为宗旨和出发点，完善公共法律服务体系

公共法律服务体系建设，是改进政府提供的公共服务方式、创新社会治理的重要途径，是回应人民群众期待、保障社会公平正义的客观需求，对于维护最广大人民群众根本利益，促进社会和谐稳定，保障人民安居乐业、社会安定有序，增强社会发展活力，提高社会治理水平具有促进作用。因此，必须建立由党委主持、政府主导、司法行政部门组织、各职能部门协作，以法律工作者为主体、行业协会自律、社会公众参与的完善的公共法律服务体系。

1. 明确公共法律服务体系的内涵

公共法律服务以维护公共利益和解决群众最关心、最直接、最现实利益的法律问题为宗旨，以促进社会公平正义、维护社会和谐稳定为目标。在政府主导下，整合律师、公证、法律援助、法律服务组织等各种法律服务资源和社会力量，为群众提供优质、高效、无偿或低价的法律服务，是基本公共服务的重要内容。由于各地经济社会发展水平不同，由地方政府提供的公共法律服务保障水平也不一样。因此，应从与杭州经济社会发展水平相适应的角度出发，将公共法律服务纳入基本公共服务范畴，制定"十三五"专项规划，明确与杭州社会发展需求和财政保障能力相适应的公共法律服务的范围、标准、内容，由政府组织提供，为广大群众的法律需求提供保障。

2.建立公共法律服务的领导体制

公共法律服务涉及多个政府部门、法律服务机构和其他社会组织，应厘清政府相关部门之间的职责，开发符合实际需求的法律服务产品；规范市场准入制度，培育市场主体；健全购买机制，完善购买程序；加强绩效管理，完善监督机制。还应建立杭州市公共法律服务领导机构，可与市普法教育和依法治理领导小组合署"两块牌子、一套班子"，成立由市委政法委组织协调，由市司法局具体实施，由发改委、财政局、人社局等有关部门和群众团体参加的组织领导体制，并出台加强公共法律服务建设的指导性文件，规范杭州的公共法律服务体系建设。各区（县、市）参照建立相应领导组织机构，发挥政府的主导作用、行业协会的组织作用和律师事务所、公证机构等法律服务组织的主体作用，向社会提供全方位、多层次、常态化的公益法律服务。

3.提升公共法律服务水平

一是整合公共法律服务资源。加强各级公共法律服务窗口建设，扎实推进市、区（县、市）、街道（乡、镇）、社区（村）4级公共法律服务平台建设，将律师公益咨询服务、法律援助、法治宣传教育、人民调解等为群众直接服务的职能进行有机整合，开展律师、公证员、基层法律工作者、人民调解员法律咨询活动，采取前台统一受理、后台集中处理的模式，提高窗口服务能力。积极探索网上服务模式，整合现有的网络律师团、"12348"法律咨询电话平台、法律援助外网申请系统等，建立杭州市法律服务网，推进城乡居民公共法律服务一体化建设，保证人民群众在遇到法律问题或权利受到侵害时可以获得及时有效的法律帮助。

二是善用现代媒体开展普法宣传,打造具有杭州特色的法治文化。充分利用五四宪法历史资料陈列馆的优势,依托广播、电视、报刊、网站等媒介打造优秀法制宣传教育热线、节目、专栏,开展节假日、纪念日、主题日的普法宣传活动,组织法制宣传进村、入社区活动,不断增强社会公众的法律意识、法治观念,确立法律信仰,打造具有杭州特色的法治文化。开通"12348"法律服务专线,为公众提供法律咨询和帮助,提高公民依法维权的能力。

三是提高农村公共法律服务和法律援助水平。进一步完善《杭州市法律援助条例》,扩大法律援助覆盖面,降低法律援助门槛,力争"应援尽援",重点为外来务工人员、失业人员、残疾人、未成年人、妇女、老年人等弱势群体提供公共法律服务。加大财政投入,提高市本级财政专项资金的保障水平,并根据经济社会发展水平,结合案件办理难易程度,提高律师承办法律援助案件、律师进社区服务的补贴标准。积极拓宽法律援助经费来源渠道,加快推进市级法律援助基金会的设立,广泛募集社会捐助,并通过合法运作实现基金增值。积极构建农村公共法律服务体系,通过"以案说法"开辟普法教育新路径,通过依法维权,改变农村矛盾处理方式,通过循法而治形成农村治理新格局,以法律为纽带构建协商新平台,着力解决法律服务供给能力不足、水平不高的问题。通过政府购买服务,鼓励律师走进农村。充分利用在职和退休司法干警资源,为农村提供公共法律服务。建立农村法治指导员制度,健全司法干警、行政执法机关公务员联系指导农村法治工作的机制。加大乡镇法律服务中心建设力度,引导本地生源的法学专业高校毕业生回乡服务,弥补律师资源不足的缺陷。

(二)大力拓展法律服务业内涵,建设全国领先的法律服务高地

法律服务业既是现代服务业的题中之义,更是发展环境的有力支撑。为此,发展法律服务业既是现代法律服务业在新时期、新阶段实现自身跨越发展的客观需要,更是加快推进经济发展方式转变的客观需求。

1.加大规划引导,完善服务格局

一是把法律服务业纳入现代服务业的统筹发展规划之中。法律服务业是现代服务业的高端产业,杭州作为省会城市应把法律服务业作为现代服务业发展的新增长点来统筹谋划。坚持因地制宜、全盘布局,科学制定律师业、公证业、司法鉴定业及涉外法律服务业、民商事仲裁服务业的发展规划。

二是发挥规划引领作用,提升行业竞争力,不断壮大法律服务业,为杭州经济发展乃至杭州都市圈和全省经济发展提供服务。

三是着力培育一批高精尖的法律服务机构。要有立足杭州、辐射省内外、面向世界的开阔眼界,鼓励本地律师事务所通过举办国际性、区域性法律服务论坛与境外律师事务所建立战略协作关系,培育国际化律师事务所,发展涉外法律服务业,提升涉外法律服务能力。

四是培育专业化、品牌化、高端化的法律服务机构,要顺应市场规律,引导法律服务机构针对杭州的独特区位优势和发展方向,支持和鼓励法律服务机构做精、做专、做强。如在建设北京中关村国家自主创新示范区时,在北京市司法部门和全国律协的主导下成立了法律服务团,

致力于为中关村示范区建设营造优良的法治环境。该法律服务团一方面为中关村企业提供知识产权、合同管理及"新三板"上市等法律服务,另一方面为政府相关部门提供法律建议和咨询服务。

五是改进律师事务所的管理和运行模式,建立公司化的律师事务所,充分发挥律师的团队协同和专业化优势。

六是充分发挥律师事务所作为承接政府转移职能的高端社会组织的作用。市委、市政府全力推进的"四张清单一张网"改革,简政放权,用政府的"减法"换取市场的"乘法",有利于激发社会和市场的活力。既然政府放权,那么中间必然有一个承接政府权力的社会组织,如像律师协会、律师事务所这样的行业协会和社会组织承接政府的购买服务,参与社会治理。政府应对其充分赋权、赋能,推动公平正义、护航法治建设。

2.扩大法律服务的概念,拓展服务领域,激活市场需求

一是扩大法律服务的概念,不仅重视律师、公证和法律援助等传统法律服务领域,也要重视民商仲裁等新兴、新型的法律服务方式。

二是大力拓展法律服务的领域。加大对公司上市、国企改革、房地产开发、金融证券、电子商务、知识产权、海商海事等法律服务领域的探索,积极拓展非诉讼法律的服务领域,为市场在资源配置中起决定作用提供法治保障。

三是创新法律服务方式。发挥现代法律服务业在经济转型中的预防、调节、服务、保护作用,实现由事后的调整补救向主动服务转变。要从传统的民、商事和刑诉等领域向经济、社会、文化、生态等多个领域拓

宽,从小而全的全能型法律服务机构向专业化法律服务转变。党委、政府要率先转变观念,扩大公职律师范围,在市、区两级政府设立法律顾问的基础上,逐步向党委、政府各部门、事业单位、社会团体、国有企业延伸,建立政府投资的重大项目律师前置法律风险评估制度,引导民营企业进行投资经营项目法律风险评估。

四是推动公证、司法鉴定等法律服务组织体制机制创新。推进公证体制机制改革,完善司法鉴定行业管理,拓展公证、司法鉴定服务领域,深化服务内容,主动介入、积极融入经济社会发展主战场,为经济转型升级服务,助力经济社会发展。积极推进信息化、规范化、标准化建设,提升公证、司法鉴定服务能力,改善服务设施、规范服务行为,强化执业技能,全面提升公证、司法鉴定服务水平。

(三)实施人才战略,加强队伍建设

高素质的法律人才队伍是建设完备的法律服务体系的基础,是提高法律服务水平的根本保证。按照政治合格、业务过硬、纪律严明、作风优良、责任感强的要求,加大对法律专业人才培训的投入,加强业务能力建设。

1.发挥党组织的政治核心作用

坚持党的领导,围绕中心、服务大局,是法律工作者必须遵循的准则,要吸收、运用在社会组织中建立党组织的成功经验,在法律服务机构中也建立党组织。加强律师行业党的建设,扩大党组织的覆盖面,发挥党组织的政治核心作用和党员的先锋模范作用。深入开展主题教育

活动,加强法律工作者职业道德和执业纪律的培养教育,引导其树立正确的价值观。可借鉴香港等地的做法,以公益积分作为承接政府法律项目的门槛,倡导、鼓励、支持和资助专业法律机构及执业人员参与公共法律服务。

2.高度重视法律人才队伍建设

加大引进专业人才的力度,尤其是大力引进新兴产业的复合型法律人才。要把法律工作者人才队伍建设纳入杭州市人才队伍建设规划,使其在评奖、职称、培训、子女就学等方面享受高端人才杨唯的待遇。培养和引进金融、证券、知识产权保护、反倾销等业务领域的高端复合型律师人才,建立对律师人才的培养使用制度,组织、统战、人社等部门要有计划地选派优秀律师特别是优秀党员律师到各级党校、行政学院参加培训。

3.不断加大法律工作者参与社会治理和公共管理的力度

提高法律工作者在人大代表、政协委员中的比重,探索在市、区(县、市)政协组织中设立专门的法律工作者界别。在难以突破政协现有界别设置框架时,要通过在特邀界别中增加法律工作者委员的办法,解决目前法律工作者委员人数明显偏少的问题,提高法律工作者的政治参与度。

4.健全服务保障体系

一是在加强市场监管的同时,也要切实依法保障律师的调查、阅卷、会见等执业权利,特别是要保障贿赂案件中律师的会见权利,为法律服务业的发展营造良好的执业环境。加强与电视、广播、网络、报纸等媒体的合作，为律师参与广播、电视有关法制栏目、节目提供支持，大力宣传《中华人民共和国律师法》（下文简称《律师法》）及律师服务经济建设和法治建设的先进事例，树立律师良好的社会形象。着重加强司法机关和行政执法机关对律师工作的认识，提高贯彻执行《律师法》的自觉性，为律师执业营造良好的社会舆论和工作氛围，保障律师法定权利的实现。进一步提高全社会对法律服务业发展意义的认识，使群众遇到法律问题时，愿意通过律师服务走依法解决的途径。

二是允许和保障杭州仲裁委员会根据市场、社会和民众的需求，到杭州市的相关区、县、市和开发区、试验区等，创设分支机构或专门机构，就近提供解决法律服务。

三是完善律师事务所税收优惠政策，建议按中小服务型企业标准征收。

（本文写于 2015 年）

完善杭州市价格纠纷调解机制

2019 年 12 月,最高人民法院、国家发展和改革委员会、司法部联合印发了《关于深入开展价格争议纠纷调解工作的意见》(下文简称《意见》)。《意见》的出台是贯彻党的十九届二中、三中、四中全会精神,落实中央关于完善矛盾纠纷多元化解机制要求的重要举措。党的十九届四中全会指出,"坚持和发展新时代'枫桥经验'""完善人民调解、行政调解、司法调解联动工作体系""完善社会矛盾纠纷多元预防化解综合机制,努力将矛盾化解在基层"。价格争议纠纷是常见的基层纠纷类型之一。开展此类调解工作有利于及时发现、快速处理价格争议纠纷,减轻相关行政部门和人民法院的工作压力,避免矛盾纠纷激化,真正实现"把非诉讼纠纷挺在前面"。

一、背景情况

《意见》的出台,向全国各地的价格主管部门提出了全面、深入开展价格争议纠纷调解工作的要求。此前,河北省、山东省、黑龙江省、江苏省、福建省、安徽省、湖北省、陕西省、广东省等省份出台了地方性价格纠纷调解办法。因此,各地多年来的价格调解工作实践与总结也是《意见》出台的重要基础。《意见》对价格纠纷调解的适用范围、调解渠道、工作机制都进行了规定与规范,标志着价格争议纠纷调解已成为我国行政调解的重要组成部分。

浙江省及省内 11 个地市的相关工作起步较晚,暂无专项办法、规定出台。杭州市发改委作为本市的价格主管部门、杭州市发展规划研究院(杭州市政府和社会资本合作中心、杭州市价格认证中心)作为市发改委所属的市级价格认定机构,根据《意见》的要求是构建杭州市域内价格争议纠纷调解机制的主要机构,相关工作也已铺开。目前,全市建立了 3 个价格争议纠纷调解点,接办调解案件 2 起。

二、调解案例剖析

考虑到杭州市价格调解工作的探索性、城乡的差异性、案例的代表性,3 个调解点分别位于拱墅区濮家社区、钱塘区潋澜社区和淳安县姜家镇。但目前接办的 2 起调解案件,都发生在姜家镇,是同村村民之间的纠纷。

(一)"枣树案"调解进程

本案发生在姜家镇,Y 村 2 户村民因一户种植 3 株枣树遮挡了另一户房屋的采光,引发争吵、推搡,进而造成一户老人摔倒骨折,另一户枣树全部被砍的民事纠纷。其中,价格争议主要在 3 株被砍的枣树。此案由县价格认证机构上报至市级,成为杭州市价格纠纷调解第一案。在当地派出所和村干部的协助下,市级价格认定机构参与本案的调解,邀请双方当事人共同座谈,说明了对于 3 株枣树的价格认证过程与初步结果。其中,枣树所有人对价格表示认同,希望和解;但砍树方认为,自家老人骨折的事件没有得到赔偿和解决,派出所没有对当事人做出相应的处罚,因此拒绝任何枣树赔偿要求,也回避调解。砍树方表示,宁可被派出所拘留,也不赔偿。

(二)"围墙案"调解进程

姜家镇 Z 村有 2 户相邻的村民,其中一户在自家宅基地范围内新建了一面围墙,而其邻居不满,以其建造的围墙在下雨天溅起的雨水打到自家外墙为由,拆毁了新建的围墙。价格纠纷调解员在正式调解前与价格鉴证师查看了围墙受损情况,并经测量获得了相关数据,随后参加了由辖区派出所民警和村支书共同主持的调解会。但在调解过程中,侵权人拒绝听取村干部、民警的劝告与调解,只要听到涉及自身侵权行为的实事陈述就打断发言,提出被侵权人就自家墙体被水溅到应先赔偿 5 万元的不合理要求,拒绝承认自己在此事件中存在过失,因此调解搁浅。

(三)案件的共性与调解的重难点

2 起案件发生的地理、社会环境相同——在同一县域内,都是发生在同村村民之间的邻里纠纷——是典型的乡村熟人社会,与城市价格纠纷调解不同,情感因素、面子问题是调解中无法回避的一个重点。同时,在社会转型的大背景下,经济飞速发展,依法治国的深度推进,乡村公民对法律意识、权力意识也有了一定的认识。事实上,2 起案件中,辖区内派出所都已先期介入并进行了治安调解,但并没有达到良好的效果。

主要的侵权方甚至抱着"有利自己的才是良法"的观念,一味强调于己有利的方面,对法律进行任意解释,陷入"钻牛角尖"的困境中。所以,当前农村纠纷调解需要平衡"情"与"法"2个维度并重调解,而且一般来说需要先"情"后"法"。先使双方在"情理"上有调解意愿,意识到自己的问题所在。并愿意做出让步是调解成功的重要心理基础;然后在法律规范下,考虑双方提出的具体调解方案,其中关于物质上的赔付,通过价格纠纷调解的流程、机制来完成合理、合法的方案是比较理想的矛盾调解流程。

三、案件反映的问题

杭州市价格纠纷调解工作刚刚起步,尚处于实践探索阶段,姜家镇2起案件仍在跟进协调中。在实践中,工作人员切身体会到一些乡村调解共性的难点,也发现了杭州本地工作制度、流程上的空白和缺失。

(一)基层价格调解的供需矛盾

2起案件发生在基层乡村,均属邻里纠纷,并不涉及干群纠纷、征地纠纷等当前农村治理中的敏感问题,事情不复杂,也很常见。2起案件进入市级价格纠纷协调机制的起因都源自基层治理机构——一为当地乡镇政府、一为县级价格认定机构,而非当事人。一方面,这反映出价格调解矛盾工作刚刚开始,群众知晓度低,相应的价格认定权威性也欠缺;另一方面,市级价格纠纷机构的介入处于受基层治理机构欢迎而基层群众将信将疑,这凸显出农村纠纷协调机制的单一化、负荷大,从业者业务水平和业务能力不足,供需不匹配的问题。

（二）上位法与工作规划尚有缺失

2019 年 12 月 9 日，《意见》的出台对全国的价格纠纷协调机制而言，有着里程碑的意义，完成了国家层面的顶层设计。浙江省和杭州市的相关工作也是在 2020 年正式铺开，对于相关职能机构来说是拓展了新的业务范围，但目前省、市两级均未出台相关行政法律、法规，这使得杭州市的价格纠纷调解目前仍处于探索阶段。纠纷的调解流程、机制，相关公文的行文格式、范式都没有形成，也使工作的开展遇到了法理上和程序上的阻碍。同时，对新工作的认识还有待加深，缺乏清晰的工作思路和系统性的规划，调解工作难免处于被动地位。

（三）调解案件的偶然性强，适用性弱

由于调解制度不健全，进入价格调解机制的案件具有偶然性，即职能机构工作到哪里，就调解到哪里，属于点状接手案件，远没有形成块状和网状的工作布局。同时，也正是由于这种偶然性，案件与价格纠纷调解的适用性不强。2 起案件在情理和法理上没有梳理到位，当事人特别是侵权方的调解意愿不强，以价格为核心的调解条件不充分。

四、对策建议

当前，杭州市的价格纠纷调解工作还有很多亟须完善的环节，实践积累和制度设计要"两条腿走路"，多向兄弟省市学习，尽快补上制度设计的短板，以确立在浙江省内的领先地位。

(一)优先建立法制规范

对于杭州市价格纠纷调解工作而言,工作制度与流程还处于空白阶段,没有可以直接用于规范、指导相关工作的政策文件和地方性法规,这大大降低了调解工作的效率,也削弱了调解工作的影响力。虽然杭州市甚至浙江省都缺乏实践经验和理论总结,但国内兄弟省市已有先进经验可以学习、借鉴。价格认定职能机构和上级主管部门应该尽快开展学习、调研工作,以《意见》为纲目,尽快制订杭州市的价格纠纷调解办法,制订统一的文书格式,明确介入业务载体、工作模式、办事流程和参与各方的权利义务等先决事项,提升价格纠纷调解法治化、规范化运作水平。

(二)完善工作运行机制

一是应当有针对性地开展宣传工作,在价格纠纷高发的场景、场所,如交通枢纽、景区、商场,进行价格纠纷调解工作的宣传、介绍。待案件处理量增加后,逐步拓宽受理渠道,可以在这些场所直接设立调解工作站(点),以便快捷高效地进入调解环节。二是采用灵活多样的调解方式。根据法律法规和纠纷的具体情况,可采用调解室调解、现场调解、线上调解等方式。对于案情比较简单、权责清晰、争议较小的纠纷,可以采用简易程序调解。相反地,对于案情复杂、社会影响较大的纠纷,应及时编制价格争议和解协调书;在规定时限内无法达成一致的,应及时终止调解。三是在积累工作经验、调解一定数量案件后,及时建立统计分析和情况报告制度,对本地区和本机构调解工作的数据和具体情况进行汇总分析并及时上报。

(三)建立跨部门协作机制,"三调联动",提升调解成功率

价格纠纷调解工作是行政调解的一种,是综合性很强的工作,涉及领域多、专业性强,在社会矛盾纠纷大调解工作机制下,需要逐步建立与公检法、社区、仲裁机构等多部门常态沟通的工作机制。实现与人民调解、司法调解的"三调联动",特别是推动与诉讼调解相互融通,在价格争议纠纷调解中引入司法确认机制,提升价格调解的权威性和成功率。同时,作为省会城市,杭州市应着力将价格纠纷调解工作打造成全省纠纷调解工作的典型。

(四)组建专业人才队伍

目前,价格调解员的主流人群均属兼职或志愿参加。职能部门(机构)要致力于培养、组建一支活跃在一线,业务精、素质高的人才队伍。落实必要经费,开展上岗培训和定期学习,善于运用法律和心理学知识调解纠纷,满足人民群众多元的纠纷调解需求,为将价格争议纠纷有效化解在基层做出积极贡献。

(本文写于 2021 年)

推广崇贤街道"二维码智能
垃圾分类"经验

垃圾分类和处置是城市治理中的一大难题。自 2000 年起,杭州市被列入了建设部设置的全国首批八大垃圾分类试点城市,到 2015 年已走过 15 年。尽管各区(县、市)一直在探索,也有所创新、有所成效,但总体上,杭州垃圾分类问题一直在原地踏步,效果并不显著。正如人民网所说:"15 年后的今天,试点还在'试点',但垃圾分类难言'分清'。"其中存在着诸多矛盾,如垃圾分类宣传不到位、居民垃圾分类意识不强、垃圾分类工作监督不完善、社区和物业工作合力不强、缺乏制约手段等,但更主要的问题是政策设计不科学、发力不精准。

2015 年 3 月,余杭区崇贤街道启动"二维码智能垃圾分类"项目,希望以智能技术应用破解垃圾分类处置难题。该项目在紫欣华庭和星海云庭 2 个示范小区实施,成效明显。笔者在深入剖析紫欣华庭小区实施情况后,得出的主要结论为:该系统具有一定的操作性和实效性,是一种新的创新和探索,特别是在前期的分类指导、宣传培训上肯下苦功,所以效果显著。但在具体操作层面,从技术、成本和保障这三大要素来看,目前该项目的智能分类技术尚不稳定,投入成本过高,商业盈利模式也有待探索。建议当前只在一定范围内开展中试实验,待条件成熟后再考虑大面积推广。下文从项目评价、存在问题和推广建议 3 个方面进行具体阐释。

一、"二维码智能垃圾分类"项目评价

对该项目从技术、社会效益、财务 3 个维度进行客观数据分析，具体评价如下。

（一）技术评价

该项目包含 4 个部分：（1）二维码智能垃圾袋发放机；（2）二维码智能分类垃圾箱；（3）二维码智能可回收垃圾箱；（4）基于二维码的实名制和积分制。由于采用了二维码技术，因此对每户居民的垃圾分类情况可以实名对应，并在此基础上建立了奖励和约束机制。我们将这套系统简单概括为"2 项技术、2 个平台、1 根链条、3 个支撑"，如图 1 所示。

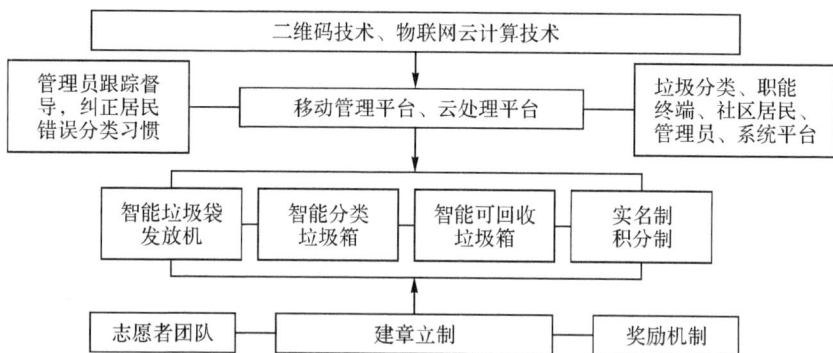

图 1　二维码智能垃圾分类系统

该系统由杭州村口环保科技有限公司研发,其技术优势在于:(1)采取实名制,能准确追踪、监测每户垃圾分类实际情况,并在此基础上,建立了相应的激励机制;(2)通过系统云计算,提升社区管理者的工作效率;(3)随着用户数据的不断扩大和积累,技术数据平台的融资功能也会体现出来。缺点是:(1)此类技术的可替代性很强;(2)故障率较高,居民反映服务器有时会瘫痪,而且手机信息提示系统有时也会出现问题;(3)智能化水平较低,前期指导和事后监督都需要大量人工辅助。

(二)社会效益评价

从紫欣华庭小区的实施效果来看,总体上,小区每日垃圾总量从1.52吨降至1.25吨,下降比例约为18%,有效地减轻了后端垃圾焚烧厂的处理负担。该系统在以下方面发挥了积极作用。一是实现了垃圾减量。二维码智能垃圾分类平台的应用,在小区内建立了低价值回收垃圾的智慧回收系统,并通过积分反馈和奖励的方式,有效地提高了居民回收有价值垃圾的积极性,减少了每户日产垃圾量。二是提高了分类效率。通过垃圾分类宣教知识平台细致且系统的宣传及系列主题活动的开展,建立起多维度的垃圾分类宣传体系,大大地增加了垃圾分类宣传的针对性、时效性与趣味性,在居民群体中宣传效果显著。二维码智能垃圾分类平台的应用使每袋垃圾都可以进行追溯。智能巡检、评优等考核监督体系的建立,特别是垃圾分类奖励机制的建立,极大地提高了居民垃圾分类的积极性和准确性。三是提高了监管水平。二维码智能垃圾袋发放机节约了垃圾袋的发放成本,与原先的社区发放相比,减少了人力、物力、财力的投入。该智能平台的巡检、统计与管理功能,有效地整合了居民、社区、街道以及志愿者等监管队伍的力量,建立了检查有设备、情况有数据、处罚有反馈、评优有根据的社区垃圾分类监管系统,是居民小区垃圾分类工作集中化、信息化、标准化建设的有益探索。四是提升了社区品质。大型垃圾桶的减少,使小区变得更加美观和整洁。社区内摆放了二维码智能可回收垃圾箱,使得资源可以再利用,也减少了小区内回收垃圾的外来人员的进入,增强了小区安全性。

(三)财务效益评价

以崇贤街道紫欣华庭小区(264 户家庭)为例,该试点已经累计投入资金 11.83 万元,后续计划再投入日常巡检和社区管理经费 2.23 万元,全年总计投入为 14.06 万元,平均每户 532.58 元/年。在人力投入方面,前期筹备和设备运行初期(2 个月)共投入人员 265 人次。总体成本过高,不具备普遍推广的价值。

杭州村口环保科技有限公司根据要求,在滨江区全区 9 万户居民中模拟推行这套系统,并测算了投资收益情况,如表 1 所示。

表 1 投资收益基本数据　　　　　单位:万元

成本		收益		利润	实际利润
办公用房	60	废旧物资	1012.5		积分奖励 725.5 由村口公司承担
仓储用房		信息服务费	135		
辅助设备	182				
人员薪资	455				
终端设备	1166				全部由政府购买

成本		收益		利润	实际利润
研发费用	150				
合计	2013		1147.5	−865.5	−475

　　从杭州村口环保科技有限公司提供的模拟数据来看,该项目的财务效益不好。但需要指出的是,该模拟数据完全没有说明基于数据平台可获得的各种融资渠道的投资收益。

　　从居民的参与热情和分类的实际效果来看,该项目在社会效益方面,有了较大的进步和可喜的成果,但技术的成熟度有所欠缺。在财务上,如果能实现规模化运作,那么投资公司的账面亏损是完全可以通过数据平台的融资性收益来弥补的。因此,不主张政府大力资助该项目,而建议采取政策支持的方式,让承接公司自身从垃圾可利用资源回收和相关商业模式创新中寻找经济利益的平衡点。

二、扩大试点需要重点关注的问题

　　目前,杭州各城区都在智能垃圾分类方面进行了有益探索,崇贤街道的2个示范小区是其中成效最显著的案例。另有下城区朝晖街道试点1年多的废旧物资智能回收平台项目,在可回收垃圾和有害垃圾的分类和处置上取得了不错的效果。未来将从市级层面出发,可以崇贤模式为主,借鉴、整合各地优秀试点经验,实现综合创新。在杭州未来扩大试点的过程中,必须考虑以下几个共性问题:

(一)成本控制

紫欣华庭小区的成功是建立在崇贤街道推出的一系列考核补助政策及强有力的队伍支持的基础上的,如:平均每户每年 532.58 元的硬件投入;项目前期,投入大量人力完成了入户登记、人员培训、宣传等工作;正常运行期间,也有大量志愿者、督查人员进行巡检。目前,街道的积分补助、考核评优等政策是吸引居民投放的重要动力。余杭区相关职能部门反映,如在全区予以推广,其资金投入与人员保障等问题还需进一步研究。可以说,该项目的运营成本过高是阻碍其大面积推广的主要因素。

(二)软硬件配套设置需更加合理化

首先,从硬件条件来看,在崇贤街道的 2 个示范小区中,紫欣华庭小区有 200 多户居民,设置了 2 套智能机器系统;星海云庭小区有 800 多户居民,却只设置了 3 套垃圾箱系统。因此,小区内智能机器系统设置不合理,没有充分考虑到居民数量的差异。未来应该进行标准化设置,充分考虑到居民数量、小区大小以及服务半径等多重因素,合理配置垃圾箱。而且,笔者在小区中发现,智能垃圾箱旁边放置着几个大型垃圾桶,当智能垃圾箱里面的垃圾桶填满以后,工作人员便将其更换成旁边的空垃圾桶。但是两者位置过近,会导致居民偷懒直接把垃圾扔进大型垃圾桶中,降低垃圾分类率。此外,在管理体制上,一是过于依赖行政力量,二是缺少约束手段,只有奖励性政策,没有惩罚性政策。

(三)重视有害垃圾的分类

目前,国内通行的垃圾分类法是"四分法",即可回收垃圾、有害垃圾、厨余垃圾和其他垃圾,共 4 类。在崇贤试点中,着重解决了厨余垃圾和其他垃圾的分类问题,将其中最难分的 2 类进行了区分,但没有对有害垃圾进行有效分类,可以预想到,有害垃圾混入其他类别的分类垃圾对总体分类的准确性和环境保护都非常不利。在居民的日常生活中,有害垃圾的产出量是非常有限的,远低于其他 3 种类别的垃圾,因此可以借鉴朝晖街道的做法,将有害垃圾的收集功能集成到可回收垃圾收集箱中。

(四)技术攻关

居民反映,目前杭州村口环保科技有限公司这套设备的技术成熟度较低,故障率较高。垃圾箱门无法正常开闭、垃圾袋发放机不发或少发现象时有发生,给居民的日常生活带来许多不便。街道则反映基本每周都会出现或大或小的机器故障。而杭州村口环保科技有限公司目前在崇贤街道没有设置维修窗口,未来扩大试点,该公司是否有相应的维运能力值得商榷。同时,社区部分老年人不能很好地接受该机器,认为操作过于复杂,对该设备认可度低,从而减弱了此类人群的垃圾分类意识,也降低了他们参与垃圾分类的积极性。

当然,未来扩大试点甚至全面覆盖时,可采取招标形式,吸引更成熟的企业来运营,从而规避杭州村口环保科技有限公司存在的问题。

三、今后杭州深化垃圾分类试点的建议

（一）总结、推广"崇贤模式"的先进经验

笔者认为"崇贤模式"的优势在于：第一，全方位的培训和教育。培养居民良好的垃圾分类意识和习惯，其中，分类指导是重中之重。第二，垃圾投放全时段。任何一个系统，采用垃圾不落地或者定时投放的方式，都是理想主义的做法，不符合市民的习惯。第三，最大限度地方便居民。目前，国人的垃圾分类意识和习惯仍在形成和强化过程中，过于复杂的程序，过于烦琐的技术，难以为市民所接受。第四，坚持全程控制。杭州的垃圾分类，从前期的分类指导、教育培训，到分类监测、监管，再到后续的激励和约束需要全过程重构、全过程控制。为了达到这一目的，可以适当培育和发展社区自治组织以实现自我管理。

（二）坚持渐进式推进

在杭州，指望"一招鲜"来解决垃圾分类中存在的问题，事实已经证明是不可行的，可以采取"小步快跑"的方式，步步为营，逐步推进。首先，通过对崇贤街道2个试点小区的剖析可以看到该项目技术要求不高，达到财务平衡也不是太难，有一定的经济效益和社会效益，特别是2个试点小区居民的积极性和热情在新的模式下被调动起来，实际效果值得肯定。但也要清醒地看到，无论是前期指导还是运行过程的监管和维护，都需要政府投入大量人力和物力，如在全市范围内推行"崇贤

模式",政府恐怕需要投入十几亿元财力,这将成为巨大的经济负担。其次,目前杭州有效处理已精准分类的各类垃圾的能力有限。以厨余垃圾为例,全市日均产量为 600 万吨,但处理能力仅为 200 万吨。一方面是垃圾产量不断增加,另一方面是分类处理能力捉襟见肘。在无法完全实现有效分类处理的情况下,就算全体市民都做好分类,也必然沦为"伪分类",并且给市民的观感更差,将大大折损政府形象,因此必须采取分步推进的方式。建议在垃圾分类处置能力未提升的状况下,垃圾分类试点工作不宜大面积推广。各区挑选条件较成熟的 1－2 个社区进行类似的智能垃圾分类试点项目。崇贤街道则以完成一个再推进下一个的"攻坚战"模式,逐步实现全覆盖。

(三)推行市场化运作

成本控制是推广的最关键因素,从财务成本收益计算的角度看,试点范围扩大后,企业如果能从全产业链的层面改进技术、提高管理水平、拓展收益渠道,完全可以获得良好的收益。建议在垃圾分类中走市场化道路,让企业成为投资主体,政府主要做好政策支持和措施保障。在垃圾分类及处理的全产业链中,特别是在目前杭州所处的起步阶段,废旧资源回收是其中的主要营利点。以下城区目前正在推广的废旧物资智能回收平台为例,其运营成本基本依靠市场消化,政府直接投入的人力、物力较少。因此,建议政府将该业务与整条产业链中的其他部分如垃圾的分类或处置,"打包"推向市场,实行总体的市场化运作。

(四)由政府出台政策扶持相关企业

政府培育、扶持全产业链企业,形成规模效益,显然比直接投入人力、物力更经济有效。目前,杭州的废旧资源回收业务主要还是依靠城市"拾荒者"低效率、低效益的模式在运作。政府可适时关注杭州废旧资源回收行业,改变目前小而散且大量无照经营的现状。崇贤街道和朝晖街道的垃圾智能分类、回收平台都在该领域进行了有益探索,标志着"互联网+"运行模式的初步成型。在当前推广阶段,政府应当有意识地扶持优质企业,使其向规模化发展。企业规模化的运作模式既能调动市场参与的主动性,又能提高社区居民的便捷度和小区的安全性。在这个过程中,政府还应做好配套服务,包括垃圾处理多头管理的协调工作,明确垃圾分类方式,以及相关的宣传引导工作。

(五)充分调动社会组织和居民的主动性

垃圾分类是一项民心工程,需要一定的过程和时间。政府要有足够的耐心,还需要平常心,急于求成往往事倍功半。以中国台湾为例,1990 年由社会组织首先提出垃圾分类的概念,最终于 2005 年出台强制分类政策,整个过程达 15 年。因此,杭州市政府应给予市民清晰、有力的引导、宣传。目前有崇贤街道紫欣华庭和星海云庭的成功案例,可以以点带面,让试点小区的居民以受益人角色传播经验,把经验复制到周边社区。只有把多数人的思想工作做通了,调动起市民的积极性、主动性,再实行强制分类,垃圾分类工作才能顺理成章、水到渠成。

(本文写于 2015 年)

打造杭州工艺美术博物馆群、
工艺与民间艺术之都

杭州市不仅因西湖的山明水秀被誉为"人间天堂",而且因其深厚的文化底蕴在中华文明发展历史上写下了辉煌的篇章。历代杭州先民怀着对生活的热爱,凭借着江南细腻的审美和对品质的不懈追求,创作出巧夺天工的工艺品,以艺术的形式诠释生活的幸福。先民的文化遗存通过历史的打磨流传至今,杭州这座美丽的城市,在无烟产业成为发展共识的今天,如何兼容并蓄、传承创新我们的手工艺和民间艺术,让其再一次焕发耀眼的光彩,成为一张具有杭州特色的金名片,一个展示杭州文化的金橱窗,一座带来财富的金矿场。这些都是时代赋予我们的新思考。

2012年4月10日,联合国教科文组织总干事伊琳娜·博科娃致信时任杭州市市长邵占维,批准杭州市加入全球创意城市网络,成为工艺与民间艺术之都。至此,杭州市成为中国第一个以工艺与民间艺术之都的名义加入全球创意城市网络的城市。这不仅是对过去积累和保护的一种肯定,也是一个发展的新契机。作为传承基地之一的杭州工艺美术博物馆群,依托运河这个先辈勤劳文化的结晶,把工艺和民间艺术推向一个新的起点,乘着运河驶向世界。

一、杭州工艺美术博物馆群是"申都"大背景下的小缩影

(一)全球创意城市网络构建背景

全球创意城市网络发起于 2004 年 10 月,是一个旨在把世界范围内以创意和文化作为经济发展主要元素的各个城市联结起来,借此推动并提升城市社会、经济和文化发展的国际城市网络联盟,是继开展世界文化与遗产保护、非物质文化遗产保护后,联合国教科文组织在推进全球文化多样性发展方面的又一项重要举措。

网络中的城市分为"文学之都""电影之都""工艺与民间艺术之都""音乐之都""设计之都""传媒艺术之都"和"美食之都"7 种主题,目前已有德、英、法、美、日等 19 个国家 31 个城市加入该网络。

杭州市是网络中第 5 个"工艺与民间艺术之都"主题城市,也是中国第一个该主题城市。加入全球创意城市网络,是国际对杭州市近年来大力发展文化创意产业的一个肯定,将给杭州市文创产业发展带来重大的机遇。通过网络内城市交流、支持,以及联合国教科文组织的相关帮助,杭州文创将会有更多的发展机会,更多的杭州文创产品将直接走入国际产业链,和更多同行进行交流和接触。对于立志打造全国文化创意中心的杭州市来说,"申都"成功就是搭建起了一座桥梁。通过这座桥梁,将会有更多人看到一个与创意、文化有关的杭州。

(二)"申都"成功的要素分析

杭州以"工艺与民间艺术之都"主题类型申请加入全球创意城市网络,是在充分考虑了杭州自身的城市特色的基础之上做出的决定。而杭州"申都"的成功也和国内其他网络成员城市形成了互补。

杭州是中国的历史文化名城,历史积淀深厚,文化资源丰富,在保护、传承、创新民间艺术与民间手工艺方面具有悠久的传统。茶叶、丝绸、南宋官窑是杭州工艺及民间艺术传承发展的印记。杭州素有"丝绸之府"的美誉,历来是中国丝绸的设计、生产和商贸中心,形成了包括种桑养蚕、丝织印染、设计制造、商贸会展、旅游观光等在内完整的产业链,并在此基础上形成了门类齐全、规模庞大的产业集群。杭州同时也是中国茶文化的起源地之一,是中国最著名的茶叶产区之一,其中西湖龙井茶以其精湛的制茶工艺和独特的品质风味而居中国十大名茶之首。除了丝绸和茶叶,杭州的陶瓷工艺也历史悠久,周边遍布各类古窑址。杭州是南宋官窑瓷器的生产、集散中心,所制南宋官窑瓷器居宋代五大名瓷"钧、汝、定、哥、官"之列,被誉为"瓷器明珠"。此外,杭州市还拥有一大批百年老字号品牌(企业),为国家培育了众多手工艺、民间艺术大师,如都锦生织锦、西湖绸伞、王星记扇子、张小泉剪刀等等。与此同时,杭州市民间刻印、赏印、藏印、论印之风兴盛,拥有中国历史上第一个印学社团——西泠印社。

工艺与民间艺术作为杭州市文创产业重点培育发展的行业之一,在传承、保护、创新等方面有完整的工作体系与政策机制。杭州市以"工艺与民间艺术之都"主题类型加入全球创意城市网络,将成为中国第一家以此主题加入该网络的成员城市。与其他主题类型相比,杭州申请"工艺与民间艺术之都"主题类型更有基础优势和潜力优势,同时也可与国内其他城市进行错位发展,形成中国城市在全球创意城市网络内互补、互助的多元化发展态势。杭州的工艺美术历史悠久,最早可追溯至新石器时代。跨湖桥文化、良渚文化遗址中出土的陶器和玉器就已具备很高的工艺水准。商周时期的几何印纹硬陶则迈出了从陶到瓷的重要一步。而先秦时期的青铜农具与兵器制造工艺水平更是令人惊叹不已,著名的吴戈越剑至今仍闪耀着光芒。秦汉至隋唐五代时期,杭州的瓷器烧制技艺日益纯熟,尤以秘色瓷最为著名。随着佛教传入,杭州的工艺美术有了新的题材和审美风格,众多佛教石雕艺术(如飞来峰造像、慈云岭造像等)均显现出不凡的技艺和深厚的内涵。南宋定都杭州,各种文化频繁交流融合,极大地推动了杭州工艺美术的发展,一时间能工巧匠云集,绝品佳作时现。官窑瓷器、石木雕刻、丝织彩绘等工艺美术品在"东南形胜、三吴都会"的辉煌中展露华丽之姿,令杭州成为融南北于一体、集中外于一身的世界手工艺之都。元明清及至民国时,杭州的工艺美术扎根于民间创作的丰腴土壤中,努力重现辉煌。精益求精的工匠们致力于将匠作提升到艺术的高度,为日常生活注入了审美意趣。中华人民共和国成立后,杭州的工艺美术进入全新的发展阶段,特别是改革开放以来,其规模、品种和创新设计水平都达到了新的高度。当代的杭州工艺美术品品种繁多,年产值持续位居全国前列。值得一提的是,半个多世纪以来,杭州涌现出一大批卓越的工艺美术大师,担负起了继承传统、融入现代的历史重任,使杭州工艺美术吐出更加清新绚烂的芬芳。杭州工艺美术博物馆序厅中的制陶、丝织工艺制作场景模型和巴拿马万国博览会的幻影成像展示，就充分、直观地再现了杭州工艺美术在近代的精彩发展历史。走进工艺美术博物馆，穹顶过厅悬挂的"史无前例的玉文化""驰名中外的瓷与丝""巅峰之作的雕版印刷""享誉四海的著名品牌"等4幅巨幅文字说明，向观众阐明了杭州工艺美术在我国工艺美术舞台上始终占据着不可替代的地位并产生了重要的影响。而这一切为杭州选择申报并最终成为"工艺与民间艺术之都"奠定了坚实的基础。

(三)杭州工艺美术博物馆群在"申都"后扮演的角色

"申都"成功后，杭州工艺美术博物馆群作为10个传承基地之一，集合了大量工美作品、工美大师和工美技艺。这里必将成为人们走近工艺和民间艺术最直接、最便捷的方式之一。这里有精雕细琢、独具匠心的雕塑，包括五代石刻、南宋石刻、南宋泥塑等；民国初年起又以本地萌生和外地引进的形式，相继产生了东阳木雕、黄杨木雕、杭州石雕、昌化鸡血石雕、篆刻、彩金木雕、硬木彩塑、佛像雕塑、根雕、微雕、玉雕、竹刻等众多品种。

——宛若凝脂。艺术与文化的陶瓷展厅以六面色彩绚丽的巨型瓷板营造了强烈的氛围。展厅中，大师们的仿越窑、仿南宋官窑经典之作再现了古老陶瓷工艺的精华，后起之秀们的艺术陶瓷精品也让观众领略到陶瓷彩绘、陶瓷雕塑、雕瓷印纽等现代陶艺的独特风韵。在这里，漫长的陶瓷发展历史和积淀着岁月沧桑的陶瓷之路尽可一览无遗。

——精品刺绣。江南灵秀的织绣展厅里陈列着王文瑛大师的《雷峰今昔》、陈水琴大师的《荷塘雅趣》等众多精品，它们静静地诉说着杭州织绣的辉煌。

——实用与艺术融合的编织工艺展厅。无论是萧山花边、竹编壁挂还是藤编家具、杭州竹篮,都能在身边见到。

——富贵雍容。岁月流金的金属工艺展厅中所展出的高大雷峰塔模型与小巧的金银饰品,可谓相映成趣。

——民间艺术之集萃。民间工艺展厅展出了剪纸、灯彩、天竺筷、丝绸印染服装、木版水印画、面塑等20多种民间工艺的50余件展品。这些展品千姿百态,让观众感受到浓浓的乡土气息。

——刀剪剑扇博物馆。它给人们讲述了日常用具的历史及其变迁,让参观者在器物的变迁中见证历史。

——活态馆。在儿童乐园——活态馆中,小朋友可亲眼看、亲手做,参与民间艺术的创作,自得其乐。

工艺美术不仅是艺术,更是生活。一件好的工艺美术作品往往是创作者几年甚至几十年呕心沥血的结晶,具有很深的内涵和很高的价值,也在一定程度上反映了城市的文化底蕴。随着杭州成为中国首个以"工艺与民间艺术之都"加入联合国教科文组织的全球创意城市网络的城市,杭州工艺美术博物馆群必将成为人们流连忘返的精神家园。

二、杭州工艺美术博物馆群特色亮点分析

(一)手工艺活态展示馆

1.活态展示的零距离接触

手工艺活态展示馆由省级文保单位——原通益公纱厂厂房改建而成,保留了原汁原味的民国建筑风格。该展示馆以手工艺人现场制作

王星记折扇、锻打张小泉剪刀、制作西湖绸伞、制作四川泸州油纸伞、扇面书画以及剪纸、紫砂、陶艺等传统手工技艺的活态演示为主要内容，结合手绘、手工汉服、皮具、软陶等现代创意手工，提供相关手工艺品的现场展示、销售和现场制作体验。

2.特色亮点分析

手工艺活态展示馆呈现出三大特点：一是鲜明的民间工艺特色；二是丰富的观赏性和体验性；三是极强的互动性。在这里，传统技艺与现代创意，外在建筑与展示内容，开放性与互动性实现了很好的结合。

(二)工美之家

博物馆创立的工美之家，有大师的创作，有带徒培训的窗口，还有面向大众的讲堂。

1.工美大师的工作室

工美大师工作室位于博物馆二楼，总面积为 700 平方米，共有 27 位工美大师入驻，包括国家级工美大师 2 人，省、市级工美大师 19 人，国家级、省级非遗传人各 1 人。各位工美大师日常在此创作、带徒，创作的作品可以直接销售，是集中展示大师风采，开展行业内交流切磋、创作研究的开放式平台。游客可以近距离地观看大师的技艺表演，更可以与工美大师进行零距离的交流。

2.传承技艺的小课堂

为了更好地传承工美技艺，满足感兴趣的游客"拜师学艺"的需求，博物馆工美之家依托馆内丰富的大师资源，分阶段地开设工艺美术特色课程。目前,已开设六大类课程,分别由国家级工美大师陈水琴(手绣)、市级工艺美术大师闫贵海(烙画)、民间工艺大师徐远渭(面塑、泥塑)、程迪申(风筝)等工作室负责教学工作。

3. 面向大众的大讲堂

"工美大讲堂"不定期地推出工美主题的免费公益讲座,突出人文性、公益性、专业性和大众性,着力为"工美阶层"搭建一个互动学习、交流成长的平台,形成了"工美名家·聆听大师""民间非遗·重温民俗"和"文博荟萃·品味经典"三大系列。以培育工艺美术受众、营造工艺美术氛围、打响工艺美术品牌为导向,吸引了一批固定的工艺美术爱好者。

4. 特色亮点分析

工美之家呈现出三大特色亮点:一是在博物馆设立大师工作室,这在同类博物馆中是一大创举;二是依托博物馆,利用公共资源和相关政策帮助工美技艺寻找传承人;三是在培养大众鉴赏情趣方面,不遗余力。这些都为杭州成为工艺和民间艺术之都做了最有益的,也是最实在的探索和实践。

(三)静态展览和动态活动相结合

1. 工美展览

杭州工艺美术博物馆群在基本陈列的基础上,不定期地推出"盛世天工""感悟非遗""扇动风发""伞行天下""刀剑(剪)春秋"等专题系列临时展览,成功举办"艺韵匠心"——2011杭州工艺美术大师精品展、

"石头记"——青田石雕展、"袖里翰香"——明清扇面精品展、"澄怀博雅"——民国精品成扇展、"剪纸传奇"——桐庐剪纸四人展、"来自田间的守望"——浦江麦秆剪纸作品展等。此外,还与杭州市工美协会合作推出了2次工艺美术大师作品展,并与多位民间艺人联手推出了"感悟非遗"主题展览。

2.工美特色活动

杭州工艺美术博物馆群是杭州市第二课堂的活动基地,有剪纸、绸伞伞斗穿花线、扇面绘画等29项常设手工体验活动。在此基础上,结合工美特色,推出了"ACM工艺坊""青少年创意剪纸大赛"等富有专题特色的体验活动,依托博物馆资源,打造一个集各形式的工艺和艺术传承教育于一体的社会大课堂。工美学堂内推出了"手工吧",集中展示了与人们日常生活息息相关的手工艺品的制作流程,还推出了少儿剪纸创意大赛以及"流动博物馆"等活动。此外,还与中小学和大学建立了共建学校。杭州工艺美术博物馆群已经成为学生课外学习和实践的重要基地。

3.特色亮点分析

杭州工艺美术博物馆群在开展临展和活动时呈现两大特点:一是五大系列主题展览,不仅丰富了展览内容,充分展现了主题特色,更重要的是希望通过这种载体,让更多的人了解、认识工艺和民间艺术的魅力,以更好地做好相关传统文化的传承工作;二是运用活动的方式串联静态展示,宣传博物馆群,吸引感兴趣的人群特别是青少年、小学生,从看、做、学、评、品等方面全方位地展示工美艺术。

(四)助推行业和创意交流相结合

1.创意集市

三大文化创意集市从 2010 年开始举办,现已成为博物馆"贴近百姓,贴近生活"的口碑活动,包括"为你服务""创意天地""草根舞台"及现场互动等活动环节。集市以环保扇市、实用刀剪市、潮流伞市为主题,突出刀、剪、伞、扇在日常生活中运用的延续性和广泛性,集合省内十几家制扇、制伞和刀剪厂家展销特色工艺扇、新型潮流雨伞和最新刀剪用具,推出颇具现场感的产品工艺制作表演,提供免费磨剪、修伞等惠民服务,现场"对话企业"访谈互动活动为在杭手工企业、单位、个人提供了展示的舞台。

2.快意空间

杭州工艺美术博物馆群与《都市快报》艺术中心合作,一方面利用媒体资源、宣传活动以及展览,另一方面利用学术资源,举办以国画、油画、水彩、版画、陶艺等纯艺术类为主的讲座,普及文化知识,丰富大讲堂内容,提高市民的艺术修养和艺术鉴赏力。这样"跨界"的做法能全面地让大众感受艺术,通过媒体宣传,艺术开始渗透到大众的生活中,他们作为受益者,会更加热爱艺术和生活。

3.城际交流

杭州工艺美术博物馆群还尝试与外地包括国外的相关单位合作,交流行业信息,引入外地优秀的手工艺术工艺品,把杭州的工艺美术技艺作品传播出去,并先后与景德镇市、龙泉市、韩国利川市等地区的大师合作推出展览,让杭城市民不出家门就可以欣赏异地、异域的工美精品。这种城际间的交流能不断地推出优秀的、有市场潜力的艺术家,为杭州工艺与民间艺术之都汇聚人才,开发市场。

4.特色亮点分析

杭州工艺美术博物馆群在助推行业发展和创意交流方面呈现出3个特色亮点:一是作用立体式全方位的服务行业,既考虑了工美大师的培养,又兼顾了中小手工业者的发展;二是贴近大众、贴近生活,其手工艺以实用和艺术化的方式走进生活,这是拓展其发展空间的最佳手段;三是在创意交流中融入市场开发理念。

(本文写于2013年)

天津市职业技术教育经验对杭州市的启示

　　城市建设和产业发展转型,离不开高新技术产业人才。过去 10 年人们对此一直存在误区,教育体制改革中普遍存在片面追求建设综合性大学而忽视职业技术教育的问题。2014 年印发的《国务院关于加快发展现代职业教育的决定》要求,引导 100 多所地方普通本科高校向应用技术型高校转型,教育部也将这个目标作为"十三五"高等教育改革的主要任务。今年 3 月,国务院召开常务会议,部署加快推进实施"中国制造 2025",将职业教育提升到了国家战略的高度。

　　近年来,天津市作为国家中心城市、北方经济中心,在城市建设和产业转型中取得了重大成就,一大批民用航空、生物医药、石油化工等工业新项目落户天津,提升了其作为环渤海地区经济中心的经济实力和国际影响力。深入分析其成功的原因,发现重视技能人才培养,在天津市现代制造业迅速发展过程中起到了重要的引领作用。笔者随同杭州市职业技术学校和相关部门人员专程赴天津考察。现将有关经验汇报如下。

一、天津市重视职业技能人才培养的主要经验

　　作为我国近代工业发源地之一,天津市职业教育有着比较深厚的历史积淀,较早提出了"工学并举"的职教理念。中华人民共和国成立

后,天津市成为全国半工半读的试点城市。天津国棉一厂内诞生的我国第一所半工半读学校,得到了中央的重视和推广。现将其主要经验归纳为以下 4 个方面,以供杭州市借鉴和学习。

(一)始终坚持把职业教育摆在重要战略位置

天津市历届市领导都反复强调:"高端人才可以引进,但百万产业大军无法引进,要靠职业教育来培养。"天津市建立了由分管教育工作的副市长牵头、各相关部门负责人参加的全市职业教育联席会议制度,统筹协调解决改革发展中的重大问题。将职业教育改革试验区、示范区建设和职业教育综合改革试点工作纳入全市"十二五"经济社会发展规划纲要,并以市政府文件形式印发《关于进一步推进职业教育改革创新的意见》,强化各相关部门责任。2005 年,教育部在天津召开"工学结合"座谈会,并与天津市政府签署协议,将天津滨海新区作为全国唯一的职教改革试验区;2010 年,教育部和天津市人民政府在北京再签协议,共建国家职业教育改革创新示范区,实现了由试验区到示范区的升级换代。

天津市与教育部共建 8 个滨海新区技能型紧缺人才培养基地,按照滨海新区重大项目建设要求,超前培养技能型紧缺人才,满足重大项目实施需求;天津市教委组织职业院校与市人力社保局贴近市场需求,联合开发了技能培训包,与滨海新区、示范工业园区签署职工培训协议,开展了多种技能培训;同时启动相应岗位的就业资格准入,支持职业院校广泛开展再就业培训和农村劳动力转移培训。

(二)始终坚持政府主导、行业主办、教育主管、社会参与的办学体制

20世纪末,在国有企业和政府机构改革中,各地相继把企业中专及职工大学划归教育部门主管。但天津市委、市政府顶住各方面压力,做出了"依靠行业办学不变""教育经费渠道不变""教育行政部门加强统筹规划宏观管理"的决策,不仅保持了职业教育紧贴行业发展的办学特色,也发挥了政府主导、行业主办的作用。天津市委、市政府明确提出"两不变一不减一加强"的原则,即依托行业企业管理的体制不变,财政性教育经费的渠道不变,经费额度不减,由教育部门加强统筹规划和宏观管理。目前,全市50%以上的中职和85%以上的高职由行业、企业主办。

目前,天津市组建了以"行业组构集团式""企业集团带动式""城市郊区结合式""社区联合组合式""面向农村网络式"等5种模式为主的17个职教集团,集团内部将学生培养、职工培训、技能鉴定融为一体,统筹使用校舍、师资、经费、设备。

在人才培养模式上,天津市深化"工学结合"改革,严格落实中职学生到企业顶岗实习1年、高职学生到企业顶岗实习半年的教学要求。深化"1+X证书"一体化教学改革,加快实现学历证书与职业资格证书对接,实现专业课程与产业、岗位对接。

(三)始终坚持大投入,统筹、优化资源配置

一方面,天津市目前将全市430多所中职学校调整为100所,高职学院调整重组为26所。按照"一个行业、部门集中办好一所中等职业学校,一个行政区、县集中办好一所中等职业学校"的原则,未来计划将中职学校调整到 50 所以内,各校全日制在校生规模在 2000—2500 人之间。重点支持建设 40 所天津市中等职业教育示范学校和 20 个优势特色专业。

另一方面,天津市建设海河教育园区,规划总用地 37 平方千米、办学规模 20 万人、居住人口 10 万人,分 3 期建设。其中,职业教育培训园区是集职业学校教育、职业培训、职业技能鉴定、职业技能竞赛于一体,"产学研"相结合的职业教育培训综合基地。投资 5000 万元设备经费,建成了由 11 个实训室和 1 个教学工厂组成的职业技能公共实训中心,面向海河教育园区内所有职业院校开放。同时,全市各有关部门、各行业企业所属技能实训基地也在政府的统筹下,实行开放式管理,面向社会承担技能培训任务。"十二五"期间,天津市财政用于职业教育基础能力建设的专项资金达到 11.5 亿元。目前,天津 94% 以上企业新增技术工人来自职业院校。

(四)推行技能人才培训福利工程和双师资质

2014 年 12 月 5 日,天津市政府第 43 次常务会议审议通过《关于实施百万技能人才培训福利计划的意见》,明确在 2015—2017 年的 3 年间,天津将投入 34 亿元资金,计划覆盖城乡所有劳动者,包括企业职工、失业人员、农村劳动力、院校学生等。参加《职业市场需求程度及培训成本目录》所列职业和等级技能培训者,可享受培训费补贴、鉴定费补贴、职工培训津贴、生活费补贴、实习补贴等,最终使 120 万人取得相应职业资格证书,持有国家职业资格证书的人员增加到 276 万人,占技能劳动者的比例提高到 70% 以上。

二、杭州市职业教育机构现状和发展中的问题和矛盾

杭州市现有中职、高职院校共 79 所,在校学生 23.62 万人。其中:中职学校有 59 所,在校学生达 10.52 万人;高职院校有 20 所,在校学生达 13.1 万人。在高职院校中,市属高职院校有 4 所,在校学生达 2.94 万人;省属高职院校有 16 所,在校学生达 10.16 万人。这些职业院校为杭州市的产业转型升级提供了大量技术技能人才。近年来,随着市政府对中职、高职等职业院校的支持力度不断加大,杭州市各职业院校的发展步伐明显加快,市政府还陆续出台了《关于促进中等职业教育校企合作工作的若干意见》《市属高校产学对接工作实施意见》等文件,在专项经费投入、实训基地建设、专业结构调整、校企人才互通等方面为职业教育的快速发展创造了条件。职业院校的整体办学质量受到社会好评,毕业生一次就业率多年保持在 95% 以上,对口就业率达 80% 以上。但由于受宏观政策和体制的制约,杭州市职业教育还存在一些发展中的难题,严重滞后于产业升级,杭州市的产业以传统产业为主,城市外来流动人口约为 400 万人,且低端劳动力比例偏高,给城市治理带来极大难度。

(一)与产业衔接不紧密,人才供需脱节

目前,杭州市的职业教育和产业转型对接距离较大。在 2013—2014 年进行招生的 165 个专业中,长线专业比例较高,如会计专业有 12 所学校招生,市场营销、计算机等专业有 10 所学校招生;而与杭州产业对接的纺织服装只有一所院校开设了专业,食品轻工和精细化工也

分别只开设了 2 个专业。与新兴产业和现代服务业对接的新能源、新材料、节能环保、半导体照明等方面的专业处于空白状态。专业设置与杭州市经济发展没有形成高度融合的对应关系，造成了技术技能型人才的结构性短缺。

再者，产业转型对技术技能型人才的需求，要求专业设置与产业发展相对接。在产业快速转型升级、市场急剧变革的背景下，职业院校的专业建设，应该是在政府宏观调控下的市场需求驱动模式。需要政府产业发展部门推动相关行业协会、企业与职业院校紧密联系，经常性动态提供技能型人才各类需求信息并筛选、整理和提炼，为职业院校的专业设置、课程设计及课程内容和标准提供参考。目前，政府部门的统计工作多集中在月度、季度和年度经济数据的搜集和分析，对决定中长期发展的各行业人才需求的有效研究和分析不足，导致职业院校的专业设置调整，主要由各院校自发进行。而职业院校由于受信息把握、师资结构及办学条件的制约，往往根据招生和就业情况来确定专业设置，缺乏整体市场需求的预见性。

(二)职业院校面临软、硬件不足的难题

职业教育是一种高投入的教育。现代化国家职教平均投入是普教的 2—3 倍。在经费方面，杭州总体投入不足，部分技校和民办、企业办中职学校因投入不足，缺少场地和设备，有的学校不得已把办公室、自行车棚改为基础实训室，部分教学设备只能露天堆放。杭州尚未建立统一的中职教育生均经费标准。在师资方面，杭州职业教育缺口较大。教育部《高职高专院校人才培养工作水平评估指标体系》规定生师比

18∶1为合格,16∶1为优秀。目前,杭州大部分高职院校的生师比都大大超过20∶1,教师超负荷工作,影响了实践能力的提高和教学质量。从普通教育改行过来的专业课教师实践能力弱,实践课教师专业理论水平不高,建设"双师型"教师队伍任重道远。此外,由于教师数量不足、知识结构单一,一些新兴专业因缺乏教师无法开设。在生源方面,杭州职业院校存在危机。从当前的现实来看,绝大部分学生会优先选择接受普通高等教育,只有上不了普高或本科的学生才"退而求其次"选择职业教育。职业教育作为与普通高等教育平行的教育体系,缺乏足够的上升空间和社会尊重,从而面临生源质量上和数量上的双重困境。

(三)校企合作缺乏保障,企业参与热情不高

首先,因为校企合作培育人才需要大量和长期的成本投入,这与企业的逐利本质相抵触。因此,校企合作的"企"必然是已有相当规模、历史和社会责任感的企业。浙江省是一个以民企"小而活"为特色的地区,与北方以重工业、大国企的地区相比,校企合作先天条件不佳。其次,调查显示:企业负责人普遍反映,在实质性合作中,限于政策,大多存在企业支出多、牵涉精力多而回报少、要求高、责任重、风险大的客观现实,企业的切身利益难以保障,因此企业的积极性不高。最后,在合作中,校企的沟通十分重要。双方不仅要熟悉自身的长处,也要了解对方的语言,才能相互理解、配合。在目前形势下,校企合作中学校显然处于弱势地位,双方地位的不对等,为良好沟通增加了难度。这对学校和政府最终能促成校企实质性合作,都提出了很高的要求。

(四)社会对技术技能人才接受度较低

受到传统文化影响,目前家长和学生普遍认为,上职业院校低人一等。而且在现行教育体制下,职业院校学生与普通高等教育学生相比,上升空间狭窄。此外,职业院校自身软硬件的短板和走上社会后技能人才工资待遇低或社会地位不高等现实,加深了重学历文凭、轻职业技能的社会观念,使职业院校逐渐成为工农子弟学校。在公务员、事业单位选拔人才,其至许多大型企业选用人才时,本科文凭是前提条件,高职生根本就没有参与竞争的权利。

三、推动杭州职业教育改革发展的政策建议

天津市成为中国先进制造业领跑地区的一个重要原因,是其一直把职业培训作为"党管人才""政府主导"的重要战略任务,在营造由政府主导的职业培训工作格局,设计超前政策、发挥各方力量和加大培训投入等方面,做出了独步中国的创新实践。发挥政府在顶层设计、整合资源、加大投入、方向引导、提高效能、普惠全体劳动者等方面的主导作用,是下一步杭州要进一步强化的观念和努力方向,综合中央关于职业教育发展精神和天津的经验,笔者对杭州推动职业教育发展提出以下政策建议:

(一)为职业教育理顺体制、健全制度

一是建立由市政府领导牵头,杭州市发改委、财政局、人社局、经信委等部门和职业院校、行业协会、职教专家组成的杭州职业教育领导小

组,组织力量研究出台相关推进政策,近期需要抓紧研究的包括:技能型人才培养中的政府、企业、行业协会和职业院校的具体职责分工;地方企业培训中心的试点单位和运作机制;不同行业技能型人才的培养计划;技能型人才培养质量的评价和认定办法;推动各类职业技能证书考核与实际需求接轨的改革办法;等等。从天津经验来看,以行业主管部门为主、教育主管部门为辅,是保障职业教育有针对性和有效性的重要条件。二是制定相关规章条例。制定《鼓励企业参与技能型人才培养的若干规定》和《校企合作促进条例》,在法律层面进一步规定政府、企业、行业协会、职业院校四方在协同完成技能型人才培养过程中的权利义务,特别是企业在参与人才培养中的权利义务和保障措施,为企业参与人才培训、推动校企合作提供基本的法律前提。

(二)提高政府对职业教育的公共服务水平

第一,建立高技能人才劳动力市场指导信息平台。由市人社局牵头,建立杭州高技能人才劳动力市场工资指导价,动态调整和发布《杭州技能人才紧缺工工种目录》《杭州技能人才工资指导意见》,定期在网站上公布更新。开放社会了解技术技能人才用工薪酬待遇的途径,增强技术技能人才用工的公信力和吸引力。第二,依托行业协会引领骨干企业和职教集团,成立职业教育评估第三方机构,制订包括人才培养匹配度、人才培养满意度、人才培养绩优度、人才培养前瞻度等为主要内涵的职业教育评估标准和指数体系,定期、动态发布评估结果,引导职业院校"以评促改、以评促建",提高职业院校的市场跟踪能力和社会对职业教育的认可度。第三,完善职业资格证书制度。根据人力资源和社会保障部从 2013 年起 3 年基本完成取消一批职业资格许可事项的精神,对杭州没有法律法规依据的准入类职业资格一律取消。有法律法规依据的准入类资格,如果与国家安全、公共安全、人民生命财产安全关系并不密切,或者自身不宜采取职业资格方式进行管理的,按程序提请修改法律法规后予以取消。水平评价类职业资格由政府部门制定职业标准和评价规范,具体认定工作逐步移交给行业协会和学会承担。第四,逐步确立就业准入的观念和相关制度。在德国和澳大利亚等发达国家,就业准入制度被视作至高无上的"高压线"而被严格执行。正因如此,才有了名闻遐迩的"德国制造",才有了被视为全球职教法宝的学徒制(双元制)模式。要尽快改变一些用人单位只看学历不重技能,甚至提出非"985""211"学校不取的极端做法,既要倡导高校根据经济社会发展需求和自身条件重新定位,也要引导大学生树立在高等教育大众化阶段人才需求必须应用化、多样化的观念,确立技术技能人才是宝贵人才、掌握技术技能就是掌握发展基础的理念。

(三)进一步推动校企合作,提高企业参与职业人才培育的积极性

一是挑选有办学特色、专业实力和社会声誉的职业院校与杭州有较强职业人才培育意愿的大企业建立校企合作。政府首先需要找准校企双方的利益融合点,特别是打消企业的顾虑,例如:如何保护企业商业秘密,共同承担学生安全风险,保证"订单学生"进入特定企业工作,等等。建议通过校企双方的磨合,取得初步成效后,可建立企业技能型人才培训中心等紧密型联盟合作机制。这样一来,既承担了企业员工的进一步技能培训工作,又承担了职业院校学生的实训任务,加强了教

师与企业技术骨干的交叉兼任与交流。经验表明,企业骨干兼任教师时在与学生交流中更加热心,也更愿意与学生分享自己的经验。政府与学校应当为这类人员提供制度上和教学上的便利。

(四)加大对职业教育的资金扶持,调整教育经费结构

职业教育的地方性、技术技能性与市场导向性等办学特点,决定了杭州教育经费需加大力度、调整结构。建议尽快出台杭州教育经费向职业教育、应用型人才培养倾斜的具体目标和政策措施。凡通过国家、省级示范(骨干)职业学校或省重点技工学校、省级示范专业等验收的,同级财政按省补专项经费的1∶1给予配套奖励。同时,改变高校"软硬"专业投资"一刀切"的方法,在充分调研和科学核算的基础上,按专业类型调整生均拨款、实训基地、师资培养等方面投入的比例和数量。第一,建立培训补偿机制。建议参照德国做法,明确所有企业都按员工工资总额的一定比例上交培训基金;建议尽快出台培育基金使用办法,明确参与技能型人才培训企业的职工教育培训经费返还比例(或减免教育附加费)、培训费用分摊方式及学员津贴和培训非本企业员工的资助方式等补偿机制。第二,建设市级统筹的职业教育实训基地。职业教育实训设备价格高、淘汰快,为各校建立硬件设施良好的实训实验室带来较大经费压力。可借鉴天津市做法,整合市内各校资源,建立统一管理,共同维护、利用的实训基地,节约成本,提高资源利用率。第三,加大对软件建设的投入力度。针对目前职业教育出现的"软件发展跟不上硬件发展""内涵跟不上规模"的现象,通过设立课程开发专项基金、教学改革专项基金、科研转化培育基金、师资成长专项基金、德育精品工程专项资金等，加大对中高职院校软性建设的投入力度。

（五）传播培养能力本位的成才观

通过政策创新、企业改革、媒体传播等途径，引导全社会树立多元化的成才价值体系，推动"行行出状元"社会氛围的形成。宣传优秀技术技能人才的成长经历和高超技艺，激励和提高技术技能人才的社会认同感，让技术技能人才走入社会人心，使优秀技术技能人才成为社会学习的标杆。政府部门要带头转变观念，引导开展"走基层、职校行""技能杭州""技术技能人才大比武""技术技能文化节"等系列活动，营造崇尚技能、能力本位的社会氛围。

（本文写于 2014 年）

参考文献

［1］冷晓.杭州城市发展研究［M］.北京：当代世界出版社,2000.

［2］邹身城,刘伟文,邹小芃.杭州城市发展史［M］.北京：新华出版社,2007.

［3］辛薇.科学发展在杭州［M］.北京：中央文献出版社,2006.

［4］王学东等.国际空港城市［M］.北京：经济管理出版社,2020.

［5］姜川.城市竞争视角下现代 CBD 规划策略研究［D］.天津：天津大学,2017.

［6］吕明华,钟正龙.杭州钱江新城景观营造与提升［J］.中国园林,2016, 32(10)：47-49.

［7］李福."一区多园"模式中的政府管理体制创新［J］.科技进步与对策,2014(1)：106-110.

［8］周志刚,丁秋楷,阮丽娟.临空产业链发展与城市生态多层次治理演化仿真分析［J］.技术与创新管理,2019,40(6)：737-744.

［9］东條隆郎,孔倩.东京丸之内的再开发与地上地下步行网络的形成［J］.建筑技艺,2020,26(9)：30-35.

［10］吴莉娅.苏州工业园中央活动区(CAZ)空间生产路径探讨［J］.管理观察,2018(36)：100-102,105.

［11］王亿方,刘翀,谢辉.虹桥综合交通枢纽十年发展回顾与展望［J］.

城市交通,2019,17(5):59-65.

[12] 董念清.中国通用航空发展现状、困境及对策探析[J].北京理工大学学报(社会科学版),2014,16(1):110-117.

[13] 蒋桂萍.城市生活垃圾的减量化管理探索[J].产业与科技论坛,2013(14):219-221.

[14] 俞世裕.全面推进覆盖城乡居民基本公共法律服务体系建设的实践探索[J].中国司法,2015(4):20-23.

[15] 徐尚昆.推进公共法律服务体系建设的理论探讨[J].中国特色社会主义研究,2014(5):42-47.

[16] 王超莹,蔡俊敏.公益法律服务体系构建[J].中国司法,2009(1):30-33.

后 记

　　杭州是生我育我的桑梓之地,我见证了她 30 余年来的飞速发展。我自 2012 年参加工作以来,一直致力于杭州城市发展研究,这本是我的工作职责,更是我报效家乡的路径。本书所录文章涉及的都是我参加工作 10 年来的研究和思考,算是工作以来的一次小结。本书中,有宏观的论述,如《加快城市国际化的关键在人》;也有微观问题的剖析,如《加快杭州市出租车经营体制改革》。一部分是工作中的"命题作文",另一部分是作为一个市民和研究者的观察与思考。如今付梓成册,实属敝帚自珍,也期待着未来的第二个、第三个 10 年,我依然能不忘初心、勇猛精进,也愿杭州这座美丽如天堂的城市能成为更多人心中的幸福家园。

　　本书的成稿,仰赖师长的教诲、领导的指导、同事的帮助与家人的支持。在此特别感谢我就职过的杭州市社会治理研究与评价中心和杭州市发展规划研究院的领导与同事,书中的许多观点都直接来源于他们的启发与指导。

总体上,本书立足杭州城市发展,力求务实、可操作。同时,限于个人的能力水平,许多研究未能深入,有值得商榷之处,还请读者海涵并指教。

朱文佳

2022 年 3 月于杭州